澳門社團

Associações
de Macau

澳門知識叢書

澳門社團

婁勝華

三聯書店（香港）有限公司
澳門基金會

叢書整體設計	鍾文君
責任編輯	劉韻揚
封面設計	道　轍

叢　書　名	澳門知識叢書
書　　　名	澳門社團
作　　　者	婁勝華
聯合出版	三聯書店（香港）有限公司 香港北角英皇道 499 號北角工業大廈 20 樓 澳門基金會 澳門新馬路 61 - 75 號永光廣場 7 - 9 樓
香港發行	香港聯合書刊物流有限公司 香港新界荃灣德士古道 220-248 號 16 樓
版　　　次	2022 年 10 月香港第一版第一次印刷
規　　　格	特 32 開（120 mm × 203 mm）136 面
國際書號	ISBN 978-962-04-5071-6

© 2022 Joint Publishing (Hong Kong) Co., Ltd.

Published in Hong Kong

總序

　　對許多遊客來說，澳門很小，大半天時間可以走遍方圓不到三十平方公里的土地；對本地居民而言，澳門很大，住了幾十年也未能充分了解城市的歷史文化。其實，無論是匆匆而來、匆匆而去的旅客，還是"只緣身在此山中"的居民，要真正體會一個城市的風情、領略一個城市的神韻、捉摸一個城市的靈魂，都不是一件容易的事情。

　　澳門更是一個難以讀懂讀透的城市。彈丸之地，在相當長的時期裡是西學東傳、東學西漸的重要橋樑；方寸之土，從明朝中葉起吸引了無數飽學之士從中原和歐美遠道而來，流連忘返，甚至終老；蕞爾之地，一度是遠東最重要的貿易港口，"廣州諸舶口，最是澳門雄"，"十字門中擁異貨，蓮花座裡堆奇珍"；偏遠小城，也一直敞開胸懷，接納了來自天南海北的眾多移民，"華洋雜處無貴賤，有財無德亦敬恭"。鴉片戰爭後，歸於沉寂，成為世外桃源，默默無聞；近年來，由於快速的發展，"沒有什麼大不了的事"的澳門又再度引起世人的關注。

這樣一個城市，中西並存，繁雜多樣，歷史悠久，積澱深厚，本來就不容易閱讀和理解。更令人沮喪的是，眾多檔案文獻中，偏偏缺乏通俗易懂的讀本。近十多年雖有不少優秀論文專著面世，但多為學術性研究，而且相當部份亦非澳門本地作者所撰，一般讀者難以親近。

有感於此，澳門基金會在 2003 年 "非典" 時期動員組織澳門居民 "半天遊"（覽名勝古跡）之際，便有組織編寫一套本土歷史文化叢書之構思；2004年特區政府成立五周年慶祝活動中，又舊事重提，惜皆未能成事。兩年前，在一批有志於推動鄉土歷史文化教育工作者的大力協助下，"澳門知識叢書" 終於初定框架大綱並公開徵稿，得到眾多本土作者之熱烈響應，踴躍投稿，令人鼓舞。

出版之際，我們衷心感謝澳門歷史教育學會林發欽會長之辛勞，感謝各位作者的努力，感謝徵稿評委澳門中華教育會副會長劉羨冰女士、澳門大學教育學院單文經院長、澳門筆會副理事長湯梅笑女士、澳門歷史學會理事長陳樹榮先生和澳門理工學院公共行政高等學校婁勝華副教授以及特邀編輯劉森先生所付出的心血和寶貴時間。在組稿過程中，適逢香港聯合出版集團趙斌董事長訪澳，知悉他希望尋找澳門題材出版，乃一拍即合，成此聯合出版之舉。

澳門，猶如一艘在歷史長河中飄浮搖擺的小船，今天終於行駛至一個安全的港灣，"明珠海上傳星氣，白玉河邊看月光"；我們也有幸生活在"月出濠開鏡，清光一海天"的盛世，有機會去梳理這艘小船走過的航道和留下的足跡。更令人欣慰的是，"叢書"的各位作者以滿腔的熱情、滿懷的愛心去描寫自己家園的一草一木、一磚一瓦，使得吾土吾鄉更具歷史文化之厚重，使得城市文脈更加有血有肉，使得風物人情更加可親可敬，使得樸實無華的澳門更加動感美麗。他們以實際行動告訴世人，"不同而和，和而不同"的澳門無愧於世界文化遺產之美譽。有這麼一批熱愛家園、熱愛文化之士的默默耕耘，我們也可以自豪地宣示，澳門文化將薪火相傳，生生不息；歷史名城會永葆青春，充滿活力。

吳志良

二〇〇九年三月七日

目錄

導言

　　澳門素有"社團社會"之稱。在澳門諸多令人注目的社會現象中，社團及其頻密的活動堪稱一絕。澳門有數量龐大的社團組織，也有蓬勃活躍的社團活動以及市民志願性活動。在澳門，社團不僅表現出林立街頭的社團牌匾、眼花繚亂的社團媒體廣告等隨處可見的外在表徵，而且對於經濟、政治、文化等各個領域進行著全方位強度滲透和深度參與，由此成為澳門社會的一個標誌性特徵。可以說，社團構成了觀察澳門社會的一個獨特視角，要認識澳門，就不能不認識澳門的社團。

　　澳門社團具有悠久的發展史。社團在澳門存在的歷史與本地社會史一樣久遠。從神緣組織到世俗性慈善組織，再從職業性社團到知識性社團，各種形式的社團都曾在澳門出現。實際上，社團的類型與形式是社會需要的結果。在澳門社團起源階段，民間宗教信仰組織是其主要形態。而隨著社會對慈善公益的需求，包括宗教性與世俗性慈善社團在內的公益性民間結社興起為一種重要的社團組織形式。進入 19 世紀之後，崛起的澳門華商出於保護和增進共同利益的考慮，開始創建工商社團，尤其是會館組織。隨著 19 世紀末 20 世紀初澳門經濟中現代性因素的增長，原有行會性質的會館組織分化為雇主階層的商會組織與勞工階層的工會組織。1913 年，作為澳門工商界樞紐組織的澳門商會正式成立，1916 年更名為澳門中華總商會。1920 年，作為澳門知識界團體的中華教育會成立。至 20 世紀 50 年代初，隨著新中國的創立，一批政治上傾向新中國的社團在澳門成立。1950 年，澳門工聯、澳門婦聯、澳門學聯等社團陸續創建。至此，澳門主要的功能性代表社團多告成立。回歸後，澳門的政治環境發生轉折。按照《澳門基本法》的規定，社團成為特區政府管理社會的重要參與者，開始深度參與特區社會事務的管理。由此，結社參政成為推動社團成立的重要動力之一。同時，回歸後特區政府財政收入迅猛增長，為向社團輸入資源創造了有利條件。政治環境的改變及其他有利條件的形成推動澳門社團進入加速發展期。數量驟增、發展迅速、結構多元、涉域廣泛,成為特區時期澳門社團發展的基本特徵。

在澳門歷史上,各種各樣的社團組織發揮了無法代替的作用。回歸前,澳門由葡萄牙管治,葡管澳門實行的是間接治理,即由葡萄牙掌管的澳葡政府未能深入到社會中下層的治理,也極少向社會提供包括基礎教育在內的公共服務,因此,中下層社會治理則通過社團(尤其是功能性代表社團)作為仲介實行社會自治,由此,社團出現 "擬政府化" 與 "擬政黨化"功能。"擬政府化" 是指社團類似政府那樣向社會提供公共物品與公共服務,維護社會整合與承擔社會價值,甚至提供身份證明;而 "擬政黨化" 是指社團像政黨那樣,發揮參與選舉、利益整合與利益表達等功能。

隨著澳門特區的成立,澳門社團在多個領域深度參與公共治理,從社會服務到政策倡導,從參加選舉到輸送人才,都成為社團組織治理參與的內容。在社

新冠疫情中，社團協助政府售賣口罩

會服務提供方面，社團組織直接為居民提供綜合性、專業性與志願性社會服務。在選舉參與方面，社團組織直接參加行政長官選舉與立法會選舉。在政策參與方面，社團組織是特區許多政策的倡議者與特區公共政策的主要諮詢者。在治理人才輸送方面，社團組織是特區管治人才來源的主要渠道與培養平臺。在權益維護方面，不同類型社團積極推進會員及居民的權益保障工作。澳門社團組織的治理參與取得了顯著成效，在社會服務領域，形成了社團與政府合作供給的局面；在政治形態上，形成和諧型政治而非對抗型政治；在社會政治力量方面，形成多元均衡分佈格局。

因此，本書以澳門社團的起源與流變為線，描繪澳門社團發展的歷史軌跡，分階段概括澳門社團發展歷程及其特徵。本書並敘述與分析澳門社團在特區時期的發展現狀，從數量與結構上觀察回歸以來澳門社團的發展新貌，並對澳門社團的角色與功能演變進行概括分析。本書挑選澳門的代表性社團進行重點介紹，以點、線、面的結合向讀者呈現澳門社團的整體形態。

源起與流變：澳門社團發展歷程

澳門中國青年校護團第一期學員畢業紀念刊

張惠長題

澳門中國青年救護
同學會出版

作為人類進行群體性文明活動的組織形式，社團在澳門的歷史源遠流長，從神緣組織（廟宇）到世俗性慈善組織，再從職業性社團到知識性社團，澳門社團形成了較為清晰的發展軌跡。

結社起源及其近代變遷（古代–1912 年）

民間組織的起源：宗教信仰組織

澳門早期居民以漁民為主體，由於漁業生產的海外作業具有一定的風險性，為求主觀上減輕海上風險的不可預知性，神靈媽祖成為漁民們共同的信仰紐帶和精神寄託。據統計，自明代以來，連同媽閣廟和娘媽新廟（蓮峰廟）在內，整個澳門地區境內共有近十處媽祖行宮。媽閣廟位於半島西南端，是最早的華人市區形成的地方。葡人入澳也自媽閣廟下船，逐步向半島內深入。因此，媽閣廟是華人社區與葡人社區的共同起點。位於澳門半島北部的蓮峰廟初名天妃廟，相傳本是順德縣龍涌杜氏鄉人的旅澳廢祠，後捐出來建廟。媽閣廟與蓮峰廟為澳門市區早期輪廓形成的標誌，二者都曾是客商會聚的場所。此外，寺廟也是公共事業營運中心。華人社區的許多娛樂活動選在神誕日舉行，一些寺廟（如普濟禪院、蓮峰廟）也利用神誕日募捐慈善款項，用於賑濟災民與舉辦義學活動。

澳門也是天主教東傳的重要基地。自 1555 年耶穌會傳教士踏足澳門之後，方濟各會、奧斯定會、多明我會等修會都曾先後來澳傳教，並在澳門修建聖堂傳播福音。傳教士進入澳門的 20 年間，先後修建了澳門最早的三大古教堂——聖安多尼堂（花王堂）、聖老楞佐堂（風順堂）和望德聖母堂。其中，望德聖母堂也是澳門最早的華人教堂。1576 年，教宗頒令批准澳門成為近代遠東第一個教區，並成為遠東傳教區的基地。

可見，宗教信仰組織是澳門早期民間社會組織的主要形態，也是澳門民間組織的起源。從民間組織史視角，可以將澳門民間組織起源時期出現的以宗教信仰組織為中心的民間結社階段稱為"神緣組織階段"。

公益性結社的勃興

16 至 19 世紀的澳門，難民湧入、天災頻仍、疾病流行，社會對公益產生了旺盛需求，推動著西式宗教公益團體的多元發展與中式世俗民間公益組織的勃興。

成立於 1569 年的仁慈堂是當時澳門規模最大的宗教性公益團體，作為提供綜合性慈善公益服務的組織，仁慈堂發揮了重要作用。除仁慈堂外，在 19 世紀澳門民間社會組織發展中，鏡湖醫院與同善堂的創建是世俗性慈善公益組織勃興的標誌。鏡湖醫院創建於 1871 年，是適應當時澳門底層社會對醫療的迫切需求而生的。鏡湖醫院的慈善服務不僅包括較為傳統的贈醫、施藥、安置瘋殘、停寄棺柩等，還有修築道路、處理居民食水、接收政府轉交的難民、排難解紛、對外聯繫等，甚至包括敬重字紙、珍惜文化。1892 年，澳門同善堂創立。在公益服務活動範圍、方式、受益對象以及慈善理念等方面，同善堂與鏡湖醫院幾乎是一致的。

鏡湖醫院奉旨建坊牌匾

同治十年（1871 年）所建鏡湖醫院之正門舊貌

行業性組織 —— 會館的興起

進入 19 世紀之後，長期以來支撐葡商進行轉口貿易的特惠條件逐漸喪失，華商力量起而取代葡商，成為澳門經濟的主體。近代澳門華商是一個具有特殊群體利益的階層，組織社團成為他們保護自身利益的一種方式。華商為保護自身利益而組織的早期業緣團體中，會館的歷史最為悠久。澳門最早的會館是三街會館，大約在明代末年已經出現。三街會館成立後，"實無異於澳門總商會也……亦即昔日澳中之華人總機關也。"

三街會館雖然是一所商人會館，卻還不是一個近代性社團，與許多傳統社團相同，它具備突出的廟宇化特徵。三街會館供奉關帝為守護神 —— 供奉行業祖師為保護神是傳統行會組織的一個標誌性特徵。在商人會館之外，澳門的其他手工業行會組織，如上架行會館、工羨行會館與泥水行會館等早期工商性同業組織都奉祀共同的祖師 —— 魯班。上架行會館創建於清道光二十年（1840 年），為澳門木藝業（做木行、搭棚行、油漆行）的手工業行會組織。工羨行會館始建

三街會館

工羨行會館與造船子弟學校

於咸豐四年（1854 年），是澳門造船業行會組織，造船業崇奉魯班為祖師，故而會館大堂專設魯班神殿，會館因此也稱祖師廟。可見澳門早期手工業行會組織的廟宇化色彩之濃厚。

隨著 19 世紀末 20 世紀初澳門經濟中現代性因素的增長，原有行會性質的工商業社團——會館沿著兩條路徑向近代變遷：一條是完全的廟宇化，如三街會館，隨著新的華商組織成立，其原來的世俗性功能萎縮，以至最終完全喪失，成為純粹的廟宇——關帝廟；另一條是工會化，如上架行會館轉化為澳門上架木藝工會，工羨行會館演變成澳門造船工會。

知識界結社：外來影響

19 世紀末 20 世紀初，活躍於澳門的社會力量之一是近代知識份子群體。從來源構成分析，澳門近代知識份子群體中，除本地培養的內生型知識群體外，精英份子多屬移居型知識群體。因此，澳門知識界的政治性結社，其創立及活動都有中國內地背景。前有以康有為、梁啟超為核心的改良派，後有孫中山領導的革命派，都不約而同地選擇澳門作為重要的活動基地。

創報刊、興學堂、立學會，是康、梁改良派的主要活動。在康、梁的直接領導和影響下，維新派在澳門組織澳門不纏足會與澳門戒鴉片煙分會。戊戌變法失敗後，流亡海外的維新領袖創辦保皇會。澳門改良派人物、富商何廷光立即響應，組織澳門保皇分會。不久，康有為將保皇會總會遷至澳門，由此，20世紀初的澳門成為保皇派輿論與活動中心。隨著澳門熱衷於保皇活動的富商何廷光經營不善，保皇會失去經濟支持，1903年保皇會遷出澳門。

與保皇會在澳門的活動及影響日漸式微相反，孫中山領導的革命派力量開始加強在澳門的活動。同盟會成立後，選派會員劉思復等赴澳成立冠名為樂群書社的秘密機關。1909年，澳門同盟分會成立。澳門同盟分會創辦濠鏡閱書報社為其周邊組織，通過書刊借閱傳播革命思想、發展同盟會員。

從改良派到革命派，他們在澳門創立的政治性團體及其活動，雖然都與澳門社會沒有直接的必然聯繫，但對澳門的結社產生了一定的影響。其一，由澳門改良派人士創辦的一些文化教育團體得以延續。例如，康有為領導的保皇會將尊孔之風帶入澳門；1910 年，澳門孔教會成立，並得到了澳門許多紳商的支持；1914 年，孔教會捐款建立孔教學校。其二，改良派和革命派在澳門創辦的學堂，培養出澳門本土化新式知識份子群體，並給予他們維護自身權益的政治啟蒙與結社活動的直接訓練，為澳門內生型知識份子社團的誕生奠定基礎。如，康有為入室弟子陳子褒在澳門創辦多家學校，成立教育學會（後改名為蒙學會），培養澳門本土人才。

縱觀澳門早期民間組織的起源及其近代變遷，其演變歷程在時序上形成階段性標誌與特徵。第一階段是 19 世紀中葉之前，以宗教性的神廟組織為主體，是澳門民間組織史的"神廟組織階段"；第二階段是 19 世紀中葉到該世紀末，以世俗性慈善團體為主體，屬於"慈善組織階段"；第三階段是 19 世紀末 20 世紀初，以近代型工商社團和新式知識份子團體為主體，以行會性會館走向解體與政治性團體保皇會、同盟分會設立為標誌，屬新式社團的勃生期。三個階段間經歷了兩次轉變，第一次轉變是從宗教性組織到世俗性組織，第二次轉變是世俗性組織內部的裂變與分化。

民間社團的低度增長（1912–1976 年）

進入 20 世紀，澳門民間社團發展的總體趨勢是緩慢增長，以 1976 年《澳門組織章程》頒行為界，形成前後兩大歷史時期，並呈現出明顯的階段性特徵。1912 年至 1976 年間，以 "二戰" 為界，澳門社團的發展可分為戰前、戰時與戰後三個歷史階段。

職業性社團的興起與頓挫

1912 年到 1937 年是澳門職業性團體發展的第一個高潮期。具體體現在：其一，一些最重要的職業性團體先後誕生。1913 年正式成立了澳門工商界的樞紐組織——澳門商會，後於 1916 年更名為澳門中華總商會；1920 年成立了澳門知識界的支柱性團體——

澳門教育會（中華教育會），於 1923 年在政府註冊立案。其二，工會組織大量滋生。受周邊因素影響，該時期澳門工人結社意識從萌動迅速走向高漲。

20 世紀 20 年代初，澳門職業性勞工結社風起雲湧。在 1922 年，澳門有為數逾百的工會組織。少數規模大的工會，如苦力同業工會、鮮魚聯群益工會等，會員人數在千人以上。但是，"五‧二九"工運對民間結社影響至深。事件發生後，澳葡當局宣佈關閉 68 個工會，頒發限制民間結社的規定，對社團的登記註冊嚴格檢查，規定除宗教慈善團體外，凡政治性的社團不准公開成立與活動。

在澳葡政府社團法令的約束下，澳門工人結社形式發生變化，福利性的工人結社成為主導形式。公會作為行會的變體形式而出現，一般規模較小，由僱主與僱員聯合組成，僱主執掌內部權力。"炮會"是 1930 年代出現於澳門的另一種民間福利性結社形式，是各行業工友的組織，無成文會章，經濟來源為會友的月費、募捐等。

歷史小貼士

"五‧二九"工運

該次工運由一位非洲籍葡兵非禮一名華婦而引起。1922 年 5 月 28 日，途人見非籍葡兵非禮華婦而痛毆葡兵，聞訊而至的葡警拘捕 3 名華人青年，其中一名在事發當夜被軍政署判罰監禁 12 日。消息傳出後，群情激憤的工人、坊眾湧往白眼塘警署，要求葡警放人。聯合總工會就近在江南茶樓（白眼塘前地）設立臨時指揮部，並派負責人與葡警交涉保釋事宜未果。次日，受澳葡當局之命前來增援的葡兵對阻攔的人群開槍射擊，群眾死傷者二百餘眾，造成震驚中外的血案。隨後，澳門華人舉行罷工、罷市、罷課。工人與市民約 7 萬人離澳避居內地之前山、灣仔、南屏、石歧等處。是為澳門歷史上著名的"五‧二九"工運。

救亡賑難團體的興盛與轉折

20 世紀 30、40 年代的中日戰爭期間，是澳門社團發展的特殊階段。救亡賑難社團是戰時狀態下澳門"中立區" 社團發展的特殊形式，是民族主義社團的一種變體形態。其活動以慈善賑濟為主，而不是直接從事政治的或武裝的鬥爭。

1932 年，闔澳華僑籌賑兵災會委員、職員合照留影

1941 年，澳門婦女會發起為鏡湖醫院賣花籌款之頒獎典禮留影

　　20 世紀 30 年代救亡賑難社團在澳門再度勃興、驟起驟伏，反映了外部因素形成的衝擊強度。1931年 "九‧一八" 事變後不久，澳門商人范潔朋等發起成立 "澳門籌賑兵災慈善會"。1935 年，華北事變和北平發生的 "一二‧九" 運動催生了澳門的一批青年救亡及婦女互助團體，以讀書會、文學社、劇社、音樂社、歌詠團等形式出現，如炎青讀書會、吶喊文學社、焚苦文藝研究社、青年音樂社、婦女互助會等。標誌著中日之間全面戰爭爆發的盧溝橋事變，激起了澳門華人社群的民族主義思潮，推動了澳門救亡賑難性社團如春草怒生，蔚為壯觀。此後直到 1945 年 8月中國抗戰取得勝利，澳門救亡賑難社團潮起潮落。

　　對非常時期澳門救亡賑難性社團，以活動內容為據，可分為以募捐賑濟為主與以救亡宣傳為主兩大類；以存在方式為據，可分為本土社團與外來社團兩大類，而本土社團還可以進一步分為新生社團與原有社團。

　　澳門 "中立" 時期的救亡賑難社團具有一些共同特徵。其一，驟興驟落、存續時間短促。其二，服務對象、活動內容與功能集中單一，以籌募捐款及物品支持國內抗戰與救濟流落澳門的難民為主，以救亡宣傳為輔。其三，上層工商界人士主導，各階層全面動員參與。如聯合各行業、各階層救亡力量組成的各界救災會，其中起核心骨幹作用的仍然是由工商界人士組成的中華總商會。其四，以民族主義與人道主義為文化價值認同。救亡賑難社團的建立及活動中，民族主義與人道主義成為重要的精神價值紐帶，如救亡賑濟團體組織的募捐活動，突出強調了"義"的文化力量。義演、義賣、義展、義舞、義唱、義賽等利他主義（altruism）行為反映了人道主義的精神要求。

意識形態化社團的左右爭雄

抗戰勝利後，國民黨駐澳門直屬支部重新公開活動。作為國民黨海外工作機構，國民黨澳門支部的一項重要職責就是組織和指導澳門僑團活動。從 1945 年到 1949 年，國民黨澳門支部不遺餘力地推動澳門華人結社。結社方式有直接與間接兩種，直接推動成立的社團包括航商聯合會、新聞協會、澳門漁業協會、澳門禁煙協會、新生活運動澳門分會等；間接推動社團建立的方式包括在社團籌備階段即委派籌備員協助籌備工作，以及監督社團選舉、聽取工作彙報等。

隨著 1949 年新中國的成立，國民黨在澳門的政治影響由強趨弱；相反，中共對澳門華人社團的政治影響卻由弱而強，迅速擴張，接受其影響而生成的政治激進社團在與親台社團對立抗衡中逐漸佔據上風，並最終 "一統天下"。

在澳門華人社群中，中華總商會處於領導地位，對商會施加政治影響以獲取政治領導權是澳門中共地下組織的長期目標。1949 年新中國成立後不久，傾向新中國的政治力量在中華總商會 1950 年第 38 屆理事會選舉中取得支配性地位。自此，商會成功地實現了政治轉化。類似於商會實現政治轉化的社團還有澳門中華教育會、鏡湖醫院慈善會等。

在工會組織方面，新中國成立後，部份改組新成立的工會組織領導人，如上架木藝工會的梁培、茶樓餅業工會的甘廣和戴盈等人開始醞釀聯合組成澳門工會聯合總會。1950 年 1 月 20 日，澳門工會聯合總會

澳門工會聯合總會於國慶四周年搭建的國慶彩牌

成立。從此,在澳門工會史上,繼 1920 年代的聯合總工會之後,各業工會有了新的聯合組織。

面對日益強大的工會聯合總會,國民黨組織成立自由工會,並於 1952 年 12 月 25 日聯合各自由工會組成澳門工團總會。由此,澳門許多行業同時存在著兩個相互對立的工會組織,澳門工會社團史上出現特別的 "孿生組織" 奇觀。如,在炮竹業,成立於 1953 年 8 月 7 日的炮竹業職業自由工會屬於澳門工團總會,而成立於 1953 年 11 月 1 日的炮竹工會則屬於澳門工會聯合總會。

類似的澳門華人社群中的政治性 "孿生社團" 因 1966 年發生的 "一二.三" 事件而出現轉折。 "一二.三" 事件以澳葡政府接受懲兇、賠償、道歉與 "不允許國民黨勢力在澳活動" 的要求而告終。自此,國民黨澳門支部、中央社駐澳門機構與親台社團被關閉,相關社團領導人被驅逐出澳門。就連一些具親台傾向的社團,如聯義體育會、台山同鄉會、青年醉獅團體會也被取締。從此,澳門進入接受新中國政治影響的社團 "一派獨大" 的時代。

歷史小貼士

"一二·三"事件

"一二·三"事件是澳門歷史上一次較大規模的市民抗議運動,取名自 1966 年 12 月 3 日發生的嚴重警民衝突。事件以澳葡當局無條件接受廣東方面與澳門各界群眾提出的所有要求而告終。該事件令葡萄牙在澳門的管治威信喪失,也導致傾向新中國的政治勢力實際控制澳門,並使台灣當局在澳門的勢力被肅清。

本土多元化發展(1976–1999 年)

1976 年 3 月 22 日,澳門政府頒佈第 3/76/M 號法令(俗稱《自由集會結社法》)。該法令確立了澳門居民的自由結社權,也標誌著澳門社團法律制度從預審制轉向追懲制,使得澳門社團發展潛力得到釋放,導致澳門社團數量在 1970 年代中期之後出現爆炸式增長。

20 世紀最後 20 年內,澳門新註冊社團 1445個,佔全部社團總數 1983 個的 72.9%。從增長速度看，80 年代新註冊社團 422 個，10 年內新立社團數超過之前所有註冊社團數的 52.3%。在 80 年代高增長基數上，90 年代增長速度更是史無前例，10 年內新註冊 1023 個社團，較 80 年代增長了 142.4%，年均遞增 14.2%。

在社團類型方面，此時期政治性社團的興起與傳統型社團復興較為明顯。澳門政治性社團的興起是與有限的政治開放密切相關。以 1976 年《澳門組織章程》與《葡萄牙共和國憲法》的頒佈為標誌，澳門作為"葡管中國領土"的政治地位得到確立。同時，澳門政治開始走向有限的民主化進程。新政制為澳門本土社群參與政治預設了多條正式合法渠道，如立法會、市政議會、諮詢會以及政府設立的多個政策諮詢機構。此外，1976 年 3 月，《自由集會結社法》在澳門首次正式提出"公民社團"的概念。

政治生態的變化，推動了澳門本土化政治性社團的產生。最先出現的是澳門土生葡人成立的澳門民主協會與澳門公民協會。澳門民主協會與澳門公民協會分別成立於 1974 年 4 月 30 日、1974 年 6 月

19 日，分別代表著澳門土生葡人社群不同階層的不同政治傾向。其中，澳門公民協會在 1976 年澳門第一屆立法會 17 個議席中獨佔 9 席，基本上控制了立法會。協會主席宋玉生（Carlos Augusto Corrêa Paes d'Assumpção）任立法會主席。1981 年第二屆立法會選舉中，澳門公民協會仍然佔據 6 席。澳門公民協會一時成為澳門政壇上風騷獨領的土生葡人政治社團。

澳門有限政治開放的逐步擴大，尤其是澳門主權回歸因素，對華人參政產生了有效的政治激勵，進入 1980 年代，新興華人政治性社團開始崛起。1984 年第三屆立法會選舉中，以何思謙為首的澳門民主友誼促進會組成參選，並取得成功。1992 年成立的新澳門學社推出的立法會候選人吳國昌在澳門第五屆立法會選舉中直選成功。類似的社團還有民主發展聯委會、友誼協進會等。

與此同時，內地的改革開放促進了澳門傳統社團的復興。從 1978 年起，中國內地實行改革開放政策。適應改革開放與現代化建設的需要，內地開始放寬移民限制，鼓勵對外交往，加強對外聯繫，廣泛動

澳門日報讀者公益基金會

員海外僑胞、港澳台同胞參與祖國現代化建設。內地的對外開放對澳門華人結社產生了間接影響，首先是來自內地的大量新移民湧入澳門，在澳門形成一個新移民群體。以粵、閩為原居地，循非法途徑進入澳門，靠體力為謀生手段，構成澳門新移民群體的基本特徵。這些特徵對新移民結社取向產生了決定性影響。中國傳統鄉族社團（如同鄉會）所特有的守望相助、重視親情鄉情的傳統，以及扶貧幫困、調解內部糾紛的功能，尤為契合澳門新移民的需求，從而成為新移民結社的首選形式。其次，隨著改革開放的發展，各地招商引資中競相出台優惠政策，對澳門等地的境外華人回鄉投資創業形成新的激勵機制。由於境外鄉族類社團更容易被內地政府部門接受和認可，為便於回鄉參觀考察、洽談投資意向，組建地緣社團成為促進澳門與內地交流、保持與家鄉密切聯繫、擴大個人影響和提高個人知名度、降低投資成本的有效方式。上述推力與引力共同推動了傳統鄉族團體，特別是同鄉會在澳門的復興。在 1981 年到 1999 年的 18 年間，澳門新成立鄉族性社團佔全部同類社團的

72.7%。該時期澳門福建籍同鄉會的集中出現以及細分化尤其引人注目。除了省、市、縣的同鄉會外，甚至出現以村鎮為地域界限的地緣性社團。

小結

澳門民間社團從起源、變遷到發展、變革，在幾個世紀中經歷了三個不同階段，以 20 世紀最為跌宕起伏。在 20 世紀，澳門民間社團的發展出現了三次高潮。第一次高潮是 1937 年至 1945 年的澳門 "中立" 時期，也是中國抗日戰爭時期。該時期各種救亡賑難社團如春草怒生，是為 "結社救國" 或 "結社賑難" 時期。第二次高潮出現在 1950 年代初期，此時中國內部政局出現歷史性轉折，國共兩黨政治對立以及國際範圍內的東西方 "冷戰" 政治影響下，澳門社團走向意識形態化，形成左右政治對立且相互平行的社團集群，是為 "結社對立" 時期。第三次高潮出現在 20 世紀 80 年代，並延續至 1999 年澳門回歸。

經濟社會發展、自由結社制度形成、有限政治開放、以回歸為主題的過渡期來臨……這些因素促動了澳門居民的權利意識，是為"結社維權"時期。

總之，澳門民間社團發展在內部動力與外部影響作用下經歷了三大階段與三次高潮，貫穿其中的本土化與非本土化、意識形態化與非意識形態化、多元化與非多元化的三對基本關係從不同側面折射出澳門民間社團發展的特徵。

澳門扶輪社捐建的巴士站

　　回歸以來，澳門社會環境發生轉變，隨著政治參與的擴大與經濟水平的提升，澳門社團迎來了新的發展機遇，出現了此前未有的總量激增與結構性調整局面。

回歸後社團發展：兩個階段的不同特徵

　　回歸二十餘年來，澳門社團的發展可以 2008 年《選舉法》修訂為界，分為前後兩個階段。

　　第一階段為 1999 年至 2008 年，社團發展進入加速期。

　　回歸後，澳門的政治環境發生轉折。特區實行"一國兩制"、"澳人治澳"與高度自治的方針，生活在特區的居民也從過去的被管治者變成了真實的政治主體，開始進行自我管理。同時，按照《澳門基本法》的規定，社團成為特區政府管理社會的重要參與者，開始深度參與特區社會事務的管理，由此激發了廣大居民的自由結社風氣。而特區政府制訂的《立法會選舉法》與《行政長官選舉法》都為社團參選設計了路徑，結社參選遂成為推動社團成立的重要動力之一。同時，回歸後特區政府財政收入迅猛增長，為特區政府向社團輸出資源創造了有利條件。上述政治環境的改變及有利條件的形成推動了澳門社團發展進入加速期。

根據相關統計資料（見附錄一），澳門特區成立後新成立的社團數量從回歸前幾年的每年 100 多個，到 2004 年突破 200 個，再到 2006 年達到創紀錄的 682 個，至 2008 年的 9 年間共成立了 2287 個社團，年均增長 14.8%。而 2006 年新成立社團數量更創出新的紀錄，是因為當時的《選舉法》規定，參加立法會間接選舉與行政長官選舉委員會成員選舉的社團法人，在註冊 3 年後經確認登記可以成為不同界別的法人選民參加選舉，而 2009 年則是澳門特區第三屆立法會選舉年，故而一些想參加第三屆特區立法會間接選舉的居民趕在選舉前 3 年註冊社團，從而在 2006 年催生出大量社團。

面對因結社參選而推動的社團超常增長，特區政府於 2008 年修訂選舉法時將原有的社團成立 3 年可確認成為法人選民的期限延長，改為在獲確認相關界別後至少再滿 4 年才可登記成為法人選民，即社團成立 7 年後方可有選舉權。該次法律修訂暫時較為有力地遏制了社團超常增長的勢頭。

與此同時，以往以福建同鄉組織作為參選載體的澳門福建裔人士於 2008 年成立民眾建澳聯盟，以圖吸引與團結更多社區居民的支持。該社團的宗旨除了發展壯大愛國愛澳力量、擁護《澳門基本法》等之

民眾建澳聯盟

外，也舉辦各類研討活動，發掘和開創新視點，開辦各類社會服務和公益事業，故而有力地提升了同鄉組織的參選動員能力，並激發了 2002 年已成立的澳門江門同鄉會的參選熱情；兩個同鄉組織分別以"澳門民聯協進會"與"澳粵同盟"的名義參選 2009 年第四屆立法會直選，均取得較好成績，由此開啟了地域性同鄉組織參加選舉並能夠穩定地取得議席的新局面。

第二階段為 2009 年至 2019 年，社團步入持續發展期。

從發展速度來看，2008 年《選舉法》的修訂使得澳門社團的強勁發展趨勢轉向緩和，之後每年新成立的社團數量增速持續在 7%–9% 之間。這一階段社團類型逐漸走向多樣化，並有不少新型社團出現，組織方式和成立目的均與傳統社團有所區別。

首先，各類別青年社團快速增長是此階段社團發展的特徵之一，它們關注青年交流、青年創業、青年關懷等課題。與其他類型社團的成立方式不同，青年結社方式出現了非傳統化的變化。"90 後"、"00 後"

是網絡一代，他們之間的溝通與交流多是依託網絡虛擬平台與社交媒體，結社方式往往是先從互聯網虛擬群組開始，然後再將群組變成現實社團，如 2010 年登記為社團的澳門青年動力原本是一個青年網民群體，之後變為實體性社團。

其次，權益性社團發展蓬勃。回歸後，隨著居民政治地位的轉變以及教育水平的提升，居民權利意識甦醒，表現在結社上就是權益性社團的較快增長。不同階層與群體的權益性社團紛紛成立，如澳門公民權益促進會（2014）、澳門本地工人權益會（2001）、新澳門博彩員工權益會（2015）等。直接主張與維護弱勢群體權益的社團有澳門視障人士權益促進會（2011）、澳門病人權益促進會（2016）等；維護業主與居民權益的大廈業主會、黑沙鄉事委員會（2006）等；維護性工作者權益的紫藤婦女協會（2006）；維護外地勞工或同鄉權益的國際外地菲律賓勞工（澳門）支援協會（2014）、俾度莉關注印尼移工組織（2010）等；主張與強調綠色環保與生態環境保護的綠色未來（2012）、世界綠色發展組織（2010）等。

再者，國際性社團明顯增加。隨著澳門致力建設中葡商貿平台與中國內地提出"一帶一路"倡議，澳門的對外聯繫與交往逐漸加強，國際性社團逐漸得到發展，其中牽涉工商、慈善等眾多類別。其形式主要有兩種：一是在澳門成立的提倡國際交流與聯繫的社團，如中葡文化商貿促進協會（2014）、澳門一帶一路高等教育交流協會（2016）、澳門中葡企業家聯合會（2018）等；二是取得國際性社團會員資格的澳門本地社團或者國際性組織在澳門設立的分支性機構，這一階段新成立的有國際警察協會澳門分會（2010）、樂施會澳門分會（2012）、亞太旅遊協會澳門分會（2017）等；而澳門中華新青年協會（2003）則通過加入亞洲志願服務發展協會（NVDA），使青年義工得以參加國際社會的公益志願服務。

社團總量驟增與密度上升

隨著澳門特區的建立，澳門社團發展進入新的歷史階段，也出現了新的發展態勢。在社團數量上，統計資料顯示（見附錄一），至 2021 年末，澳門的註冊社團達到 10632 個，而特區成立以來的 20 餘年間，新成立社團 8910 個，佔社團總量的 83.8%。即超過八成的社團是回歸後新成立的，新成立的社團超過了回歸前全部積存社團之和。如果按時間算，平均 0.86 天即成立一個社團，社團增長速度令人吃驚。2006 年當年新註冊社團 682 個，屬回歸後社團增長峰值；至當年累計社團數較 2005 年累計數增長了 24.7%。

回歸之後，澳門居民政治參與的一個重要工具就是社團組織，社團的高速發展反映了澳門居民參政熱情的高漲，結社參政成為一種風尚。從附錄一不難看出，特區成立後，澳門社團飛速發展，年均增長率為 8.5%。而同一時段內，澳門人口年均增長率為 2.3%，澳門地區生產總值年均增長率為 11.7%。相比起來，社團增速快於人口增速，而慢於本地生產總值增速。即使在 2008 年修訂《選舉法》時延長了社團成為法人選民資格的年限，熾熱的結社之風也僅是稍受影響，此後數年社團總量年增長率均超過 7%。可以說，澳門結社參政仍然頗為盛行，選舉依然是推動社團高速成長的重要動力。此外，結社增長迅猛還受到經濟快速發展、政府部門向民間組織輸出豐沛資源，以及公民教育水平提升等動因的影響。

在社團密度上，澳門回歸時，每千人社團數為4.01 個；2009 年每千人社團數為 8.13 個；到 2014年，每千人社團數為 10.3 個；而至 2021 年，每千人社團數增長到 15.56 個。也就是說，以 2021 年末澳門人口 68.32 萬計，每 64 人即擁有一個社團。社團密度之高，足以與西方發達國家相媲美。

新型社團興起與社團結構變化

在社團結構上，如果從社團會員與功能兩個特徵指標入手進行分類，形式多樣的澳門社團可劃分為工商類、工會類、專業類等 14 個類別（見附錄二）。事實上，就現今澳門社團的形式而言，既有歷史悠久的傳統型社團，也有新近崛起的現代型社團；既有單一型社團，也有複合型社團；既有行業性社團，也有跨行業社團；既有互益性或共益性社團，也有純粹的公益性社團；既有較為多數的華人社團組織，也有為數不少的葡裔或其他族裔社團組織。可以說，澳門社團形式多元、類型齊全、領域廣泛。

附錄二顯示了回歸後澳門社團的類型結構所發生的變化。比較回歸前與回歸後澳門社團結構的變動情況，可以看出結構比重增加較大的有學術類、文化類、工商類、聯誼類與教育類；而結構比重減少較明顯的是宗教類、體育類、工會類與社區類。對於澳門社團類別的變化，在發展趨勢上，有以下幾方面值得注意。

其一，學術類社團尤其是智庫組織迅速增長。該類社團佔社團總量的比重從回歸前的 4.5% 升至 2021 年的 11%。隨著經濟發展與澳門社會整體教育水平的提升，各行各業的專業人士愈來愈多，而社會面臨的複雜問題需要社團提供專業化解決方案，故而各種學術類社團增長較快。

其中智庫組織成為發展較快的社團類型。2011 年，聚賢同心協會與群力智庫中心先後成立。這兩個組織分別依附於澳門工會聯合總會（簡稱工聯總會）與澳門街坊會聯合總會（簡稱街坊總會）而成立，可以說是傳統社團應對社會挑戰而成立的新形式社團。實際上，從這兩個智庫組織的宗旨可以看出，工聯總會與街坊總會兩個傳統的社會服務社團將原本由其行使的政策研究與倡導功能轉移至專業化的智庫組織，後者同時也成為培養與輸送參政人才的重要平台。此後，還有其他類似的智庫組織陸續成立。2017 年，在澳門大型社團婦聯總會的支持下，共建好家園協會成立。2018 年，民眾建澳聯盟成立民聯智庫，同屬會員眾多的大型社團所支持的智庫組織。

如果說上述智庫組織是依附於原有社團並將原有社團的部份功能轉移出來的話，那麼還有一些智庫組織是完全新成立的，如社會研究智庫（2013）、澳門青年智庫（2015）、思路智庫（2017）等，它們旨在向特區政府提供民間不同視角、不同領域的施政建議。以思路智庫為例，該智庫成立後即利用研討會、座談會、課題研究等方式開展活動。2018 年，該會完成《澳門經濟適度多元發展和勞動力的需求供給研究》課題研究報告，報告從人才培養、外僱政策、人力資本結構與創新能力、年輕人的就業傾向等方面展開研究並向特區政府提出相關建議。

其二，教育類社團有所增長。該類社團佔社團總量的比重從回歸前的 2.7% 升至 2021 年的 5.4%。特區政府在 2011 年施政報告中提出 "教育興澳"，推行 "人才興澳" 戰略，促進高等教育的發展，向居民發放持續教育經費，推動終身學習，並在 2013 年提出協助青年創業計劃。故而，與青年教育及成長相關的社團組織快速增加，其中涉及國情、歷史文化、藝術、環保、科技、健康、安全教育等，如澳門歷史教育學會（2005）、澳門藝術教育學會（2006）、國情教育（澳門）協會（2009）、澳門環保教育學會（2011）、澳門青年安全教育交流協會（2018）等。

其三，職業社團中商會組織（工商類社團）的發展較工會組織（工會類社團）快。工商類組織在全部社團組織中的比重由回歸前的 5.3% 增長到 2021 年的 11.1%，工會類組織則由 5.7% 下降到 2.4%。澳門回歸後，特區政府致力推動經濟多元化發展，工商各業各展其長，加上經濟對外聯繫面的拓展及利益分化，儘管目前中華總商會仍然處於各類商會之首，但並未影響到各種工商類組織大量出現，例如陸續成立的不同產業或同業組織、新興產業促進組織、中國內地各省市與國際性商會組織、跨區域商會組織、青年性商會組織等，如澳門文化產業促進會（2007）、澳門廣西總商會（2008）、澳門廣西桂林商會（2008）、泛珠三角華商商會（2014）、澳門青年商會（2018）。而回歸後，原先的一些壟斷行業（如博彩業、殯儀業等）因實行分散化經營改革，經營主體隨之變得零散，出現了由不同經營主體成立多個同業商會組織的情況。與此同時，作為僱員團體的工會組織雖然也出現分化，各種自由工會組織在工聯總會之外不斷出現，但由於僱員利益較為一致，加上作為建制的工聯總會力量強大，故而雖總體呈下降趨勢，但在社團總量中仍佔有一定的比重。

隨著回歸後澳門政治轉變、經濟發展與社會變遷，澳門社團取得空前發展。雖然澳門社團"類型眾多、分佈廣泛"的基本格局得到維持，但是社團結構和類型也發生了變化，新型社團（如學術類、教育類、工商類）不斷出現，而傳統形式的社團（如工會類、宗教類）佔社團總量的比重則有所減少，不斷湧現的新型社團使社團類型更為多樣化。

由上可見，數量驟增、發展迅速、結構多元、涉域廣泛、密度上升，是回歸後澳門社團發展的基本特徵。

退休、退役及領取撫恤金人士協會

「雙擬」角色及其變化：澳門社團功能

澳門社團"雙擬"功能的形成

澳門素有"社團社會"的稱號，一直以來社團在澳門社會中發揮著重要作用。眾所周知，回歸前葡管澳門實行的是間接治理，即澳葡政府治理未能深入到社會中下層，也極少向社會提供包括基礎教育等在內的公共服務，因此，中下層社會通過社團（尤其是功能性代表社團）實行社會自治，使得社團出現"擬政府化"與"擬政黨化"功能（簡稱"雙擬"功能）。

具體地說，葡治時代澳門由外來殖民者管治，遷居澳門的華人移民在脫離了傳統的血緣關係庇護後，面對著完全陌生的政治社會環境，需要尋找一個新的庇護組織，於是社團（尤其是鄉族類社團）開始發展出庇護主義的功能："回歸前的澳門民間社團領導者多為聲望卓著的華人社會領袖……其與普通社團成員構成了自願而非平等的庇護關係，社團的治理體制與方法也顯現出權威管理的色彩。"因此，社團的內部關係表現為社團與成員之間的庇護與被庇護關係。在社團外部關係方面，社團與政府之間構成以合作為主導的關係形態：澳葡政府在公共物品供給等方面缺位，需要民間社團去填補，社團遂逐漸發育出 "擬政府化" 的功能。所謂 "擬政府化" 功能，即社團類似政府那樣向社會提供公共物品與公共服務，維護社團整合與社會和諧，傳遞政府政策與承擔社會價值，甚至代為提供身份證明。

至於 "擬政黨化" 功能是因為長期以來澳門社會沒有政黨組織存在。而原本由政黨組織所行使的功能，如居民的權益維護、政策倡議等功能，卻由社團替代政黨而行使。而自 1970 年代中期起，澳葡政府管治機構（立法會、諮詢會以及後來的市政議會）的部份職位引入了選舉方式，而澳門在沒有政黨的情況下以社團代替政黨作為參選工具，由此，社團逐漸發展出 "擬政黨化" 的功能。可見，所謂 "擬政黨化" 功能，即社團像政黨那樣發揮參與選舉、維護利益及參加公共政策諮詢與倡導等功能。

回歸後，隨著 "一國兩制"、"澳人治澳"、高度自治在澳門的實踐發展，澳門社會的治理主體由澳葡當局轉變為特區政府，澳門居民也從被管治者轉變為自我管理的社會主體，加上回歸後澳門經濟社會的發展變遷，澳門社團的功能也開始出現新的變化。

社團服務的擴展與 "擬政府化" 功能的變化

回歸以來，澳門社團的 "擬政府化" 功能出現了一些新變化。特區政府作為 "一國兩制" 方針的實踐者，在政府財政收入充裕的條件下樂於回應社會民眾的民生訴求，加大了公共物品與公共服務的供給範圍與供給強度，因此，社團賴以為居民提供服務的資源，從原來的社團自籌轉變為由政府向社團購買服務的新模式。對於居民來說，由於社團提供的社會服務等於間接接受政府服務，故而居民加入社團的目的不再是過往的得到庇護與感恩，而是取得一種平等的成員關係。而對於社團來說，由於可以獲得較為充足的政府資源而不需要再像以往那樣向社會尋求，所以，社團能夠以更高的質量與更多元化的方式提供社會服務，此前的 "擬政府化" 功能與方式出現轉變，一些社團藉政府資源，從滿足社會需要出發，不斷擴展其社會服務功能。回歸後，澳門社團提供的社會服務朝向綜合化、專業化與國際化發展。

開展綜合性服務

　　許多社團組織面向長者、特殊弱勢社群、青少年、新移民提供包括康復、家庭、文康、教育、社區等多元化綜合性社會服務。例如，澳門三個歷史悠久的慈善社團 ——仁慈堂、鏡湖醫院慈善會、同善堂，各自管理著多個公益性社會服務機構，包括安老院、盲人重建中心、鏡湖醫院、同善堂診所與藥局以及教育機構等。除了三個成立逾百年的慈善社團外，澳門明愛、工聯總會、街坊總會與婦聯總會在發展公益社會服務方面同樣具有顯著成效。以 2007 年落成的澳門街坊總會社區服務大樓為例，按照適應多元服務需求進行設計，一、二樓是為長者提供服務的頤駿中心；三樓是樂駿中心，透過外展推廣家庭生活教育、對單親家庭提供支援服務、開展青少年服務和再就業培訓等；五、六樓是藝駿中心，鼓勵青少年參與文康體育活動，促進全面發展。

興辦專業性服務

　　教育與醫療是澳門民間社團提供的社會服務中較為專業的領域。在基礎教育的供給方面，澳門社團主辦的中小學校佔據較大比例，可以提供從學前教育到高中的全程基礎教育。澳門鏡湖醫院慈善會、同善堂、中華總商會、街坊總會、婦聯總會、工聯總會均開辦學校，面向社會提供專業化基礎教育與職業教育。在醫療方面，作為鏡湖醫院慈善會下轄的專業性非牟利醫療服務機構，鏡湖醫院已發展成為綜合性醫療服務機構，從專業水準來看，配備先進的醫療設備、擁有技術精湛的醫務人員，可以從事高端複雜的手術。其與政府公立醫院（山頂醫院）一道，成為承擔澳門居民醫療服務的重要供給者。

開辦特殊服務

近年，一些面向特殊群體提供特殊服務的社團機構陸續在澳門出現，例如由澳門弱智人士家長協進會開辦的面向重度智障者提供服務的曉光中心，與由澳門扶康會開辦的面向中、重度智障人士提供服務的康盈中心；由澳門聾人協會面向聽障人士提供的聾人服務；由澳門扶康會開辦的面向弱能人士提供就業服務的庇護工廠寶翠中心；由澳門扶康會開辦的面向精神康復者提供服務的怡樂軒。此外，明愛轄下明糧坊的短期食物補助服務（食物銀行），面向低收入及有需要人士提供個人及家庭的緊急短期性食物援助服務。

社團提供的新服務還較多地表現在社會出現的新問題及相關對象方面，如問題賭徒、吸毒者、性工作者等。面對濫用毒品問題，多個專業性公益慈善組織提供戒毒康復服務，包括澳門基督教新生命團契康復中心、聖士提反會應許之家。而紫藤組織作為維護性工作者權益的社團，也已經在澳門提供外展服務。隨著澳門博彩業的繁榮，問題賭徒逐漸增加，相應地，一些推廣負責任博彩及提供問題賭徒矯治服務的社區公益社團（如逸安社）隨之成立。

提供志願服務

　　長期以來，澳門的社團組織面臨著人力資源短缺的問題，大量志願者提供的志願服務在一定程度上緩解了社團人力資源不足的問題，志願性服務已成為澳門公益社會服務的重要組成部份。目前，較大型的社團組織都設有自身的義工隊。同時，專業性志願社團也不斷出現，如義務工作者協會、澳門愛心志願者協會、澳門志願者總會、教師志願者協會等。

發展國際化服務

　　隨著澳門經濟發展與豐裕型社會的到來，澳門本地慈善救濟對象愈來愈少，一些民間社團開始在澳門境外尋找服務對象，特別是中國內地。災害救助是澳門社團向內地提供的較常見的服務方式。澳門社團的境外服務對象並不局限於內地，還延伸至南亞、非洲等地區，如全球宣明會澳門分會主辦 "澳門饑饉" 籌款活動，幫助東非災民脫離飢餓困境。可以說，隨著境外服務的增加，參與國際性公益服務活動已經成為澳門社團愈來愈常見的活動內容。

由上可見，回歸以來，澳門社團的 "擬政府化" 功能出現轉變，在服務資源取得上，從過去的自籌資源到獲取政府財政資源；在服務方式上，更加注重提供多元化與專業化服務；在服務範疇與對象上，在繼續供給傳統服務的同時，注重解決新的社會問題以及服務對象的境外化。

社團參政活動的增強與社團 "擬政黨化" 功能的強化

回歸後，社團扮演的社會角色中，除了過往的社會服務、聯誼等外，與政治相關的活動及功能得到明顯增強。由於《澳門基本法》規定了社團在澳門的政治地位，隨著《澳門基本法》的實施和回歸後澳門政治的發展，社團的 "擬政黨化" 功能得到進一步強化，從立法會選舉到公共政策諮詢，無不需要社團的參與，而特區政府的施政同樣需要得到政治力量的支持。因此，在澳門尚無政黨組織的情況下，社團組織，特別是那些功能性代表社團的 "擬政黨化" 功能得以強化。可以説，回歸後澳門社團的政治地位得到進一步的法律確認，通過《澳門基本法》的設計，社團已成為特區政治活動不可或缺的參與者。

積極參加選舉等政治活動

目前，澳門特區有兩個選舉活動，即行政長官選舉與立法會選舉。社團組織既參與行政長官選舉，也參與立法會選舉。

首先，社團組織參與行政長官選舉。澳門特區的行政長官選舉屬間接選舉，通過界別社團法人選舉產生的選舉委員會進行。行政長官選舉委員會由四大界別委員組成，全部 400 名行政長官選舉委員會成員中的 344 位選委成員通過界別內社團法人選舉產生，再由選舉委員會成員提名行政長官候選人，並投票選舉行政長官。因此，沒有社團的參與，選委無法產生，行政長官候選人甚至行政長官也無法產生。

其次，社團組織參與立法會選舉。澳門特區的立法會選舉包括直接選舉與間接選舉兩部份，無論是直接選舉還是間接選舉，社團都參與其中。在立法會選舉中，社團幾乎參與從選民登記、候選人名單產生到籌募經費、競選動員等所有環節。在選民登記方面，社團參與自然人選民與法人選民兩類選民登記。

選舉提名方面，在直接選舉中，一般由一個或多個社團召集其成員組成提名委員會，提名立法會直選候選人名單。在間接選舉中，候選人需取得相關利益界別中不低於 20% 的社團法人選民提名。無論直接選舉還是間接選舉，所有參選的候選人都由社團提名。

競選動員方面，在直接選舉中，社團參與包括籌措選舉經費、組織選舉集會、提出競選政綱等在內的全部競選動員活動。競選期間，政綱發佈與宣傳、宣傳品的印製與散發、宣傳廣告的發佈，甚至張貼海報、電話拉票等活動，無不由社團包辦。可以說，在競選活動過程中，每一個環節都離不開社團參與。

增強政策倡議功能

回歸後，澳門社會治理相關政策由特區政府與社會共同制訂，因此社團的政策倡議與政策諮詢功能得到加強。社團經常應政府邀請參加各類政策立法諮詢。實際上，澳門社團已成為政府制訂政策的主要諮詢對象。一些代表性社團內部成立了政策研究機構，例如中華總商會成立了策略研究委員會，工聯總會成立了政策研究暨資訊部，婦聯總會與街坊總會均成立了政策研究室等。同時，也有一些獨立的論政社團成立，均以政策研究與倡議為核心活動，如 2008 年成立的澳門公民力量。

在社團倡議的具體政策方面，如工聯總會提出賭場荷官與職業司機不輸入外勞的政策獲特區政府採納。健全社會保障制度是街坊總會、工聯總會與婦聯總會等社團關注的政策議題。要求政府擴大社保的受惠面，向社保基金增撥儲備，完善澳門非雇員居民自願參保的政策，以及推動政府建立非強制性中央公積金制度，是街坊總會與工聯總會長期致力推動的政策議題。同樣，婦聯總會一直推動建立雙層社會保障制度，並主張落實全民社保，為未能及時參保人士提供補交供款登記機制。

向政府反映居民意見與提出政策建議，被街坊總會視作參政議政的重要手段。對於居民反映強烈的房屋政策，街坊總會建議政府制訂契合社會需求的公共房屋興建計劃、為社會房屋申請者制定輪候年期、改革公共房屋申請排序方式等，還要求政府增撥土地資源以供興建公共房屋之用。

發揮人才培養與輸送的功能

回歸後，社團成為澳門管治人才來源的主要渠道之一，尤其是立法會議員、行政會委員與各政策諮詢機構的成員。現任議員中絕大部份都有社團背景，直選議員均兼任社團職務，而間接選舉本來就是以社團法人為基礎的選舉，選舉產生的議員全部兼任社團領導職務。即使是委任議員，大部份也兼任社團職務。除立法會議員外，特區政府行政會成員多數來自社團，一般都擔任代表性社團的領導職務。

在特區政府設立的不同領域政策諮詢機構中，社團代表已成為重要成員。例如，在青年事務委員會的組成人員中，除了政府官員作為當然成員外，還包括由特區政府委任的最多 15 個教育、青年、經濟、文化及社會互助範疇等領域社團領導人或其代表，即在總共 34 名委員中，有 15 名社團領導人或代表，佔了接近一半。澳門現有 36 個各類政策諮詢委員會，其人員組成大同小異，社團代表均佔有相當比例。

可以説，澳門社團組織成為特區治理人才的重要來源渠道與培養平台。

從事權益保障活動

回歸後，很多社團加強了會員及居民的權益保障工作。例如，婦聯總會成立了婦女權益部，關注家暴立法進度，要求修訂性犯罪法律等。工聯總會將維權與服務作為其工作的兩個重點，並成立權益委員會，關注居民的就業保障。2003 年，澳門旅遊娛樂有限公司（簡稱澳娛）出現勞資糾紛，工聯總會考慮到事件對數千名澳娛員工及其家庭可能帶來的衝擊，積極參與糾紛的斡旋工作。最後，澳娛子公司澳門博彩控股有限公司、澳娛職工聯誼會、工聯總會、勞工局簽署了四方諒解備忘錄，穩定員工崗位，保證轉職員工收入，從而避免了社會震盪。2008 年至 2009 年間，受國際金融海嘯影響，澳門出現就業問題。工聯總會發動博彩企業員工簽名行動，積極勸説博彩企業以無薪假期代替大規模裁員，成功保住數千博彩從業員的崗位。為減少失業，工聯總會積極推動政府出台在崗培訓計劃、低收入補貼計劃等措施。

一些特定行業的社團圍繞著維護其行業員工的權益展開工作。例如，公務華員職工會向政府提出，基層公務員面臨沉重的生活壓力，部份職位無人願意入職且流動性高，希望政府向基層公務員發放額外生活津貼。其後不久，政府向低收入基層公務人員發放生活津貼。

中華教育會作為澳門關注中小學教師權益的教育團體，致力於推動特區政府制訂《非高等教育私立學校教學人員制度框架》（簡稱“私框”）。該會認為，“私框”並非只是事關教師薪酬福利，而是透過制度為教師創造合適的工作條件：參考國際標準，規範不同教學階段教師的課時量，規定每周工作 36 小時，減少教師沉重的工作量，使教師能夠騰出更多時間進行更有效的專業發展培訓。“私框”還規範了教學人員的評核制度和專業發展要求,有利於強化教師的專業性。在中華教育會及其他教育團體的爭取下,"私框"於 2012 年 2 月通過。

　　由上可見,在特區成立後,澳門社團在選舉參與、政策諮詢與倡導、政治人才培養與輸送、權益維護等政治參與方面的豐富實踐,充分說明在特區時代澳門社團的政治地位與政治功能得到強化與拓展。

代表性社團例舉

仁慈堂

往昔：救濟與慈善事業

　　澳門仁慈堂（Santa Casa da Misericórdia de Macau）是由早期葡萄牙傳教士在澳門創辦的慈善公益機構。仁慈堂起源於葡萄牙。1498 年，葡萄牙女攝政王唐娜‧萊昂諾爾（Leonor de Viseu, 1458–1525）在里斯本創立向窮人提供援助的仁慈堂。此後，葡萄牙各海外屬地以至世界各地紛紛建立仁慈堂。澳

**澳門仁慈堂創辦人賈耐勞主教畫像
及其頭骨放在仁慈堂博物館內**

門仁慈堂就是仿照葡萄牙仁慈堂模式而成立的。1568年，葡萄牙耶穌會士賈耐勞（D. Belchior Carneiro, 1516–1583）抵達澳門，眼見澳門的孤寡貧民生活無依，有些更染上痲瘋病，因此，他於次年（1569年）創辦了澳門仁慈堂。

澳門仁慈堂創立後，遵循天主教的博愛精神：予飢者食、渴者飲、寒者衣，收留貧窮者及朝聖者、醫治病者、殯葬死者等。其面向澳門貧窮人士提供慈善救濟服務。賈耐勞依照葡萄牙仁慈堂的模式，首先創建醫院，即貧民醫院，正式名稱為聖辣非醫院（Hospital de S. Rafael），當時華人稱其為"醫人廟"，後因其位於白馬行附近，又稱白馬行醫院。該醫院是中國以至全亞洲第一間以西方醫學診治病人的醫療機構，是最早將西方醫藥介紹到中國的醫院，種牛痘預防天花就是從此醫院而傳入中國內地的。醫院初時設施未夠完善，規模較小，亦僅對葡人服務；後向華人開放，並於 1934 年改為市民醫院，為普通居民服務。醫院在服務澳門超過四個世紀後，因經費短缺而於 1975 年關閉。其址現為葡萄牙駐港澳總領事館。

賈耐勞創建白馬行醫院時，在醫院內設立專門收留痲瘋病人的痲瘋病院。該院是在中國設立的首間西式傳染病醫院。此後，該院遷移到城牆外的望德堂旁。望德堂因此也稱為瘋堂，附近的社區稱為瘋堂區。這家痲瘋病院經營了 300 多年，1882 年，政府決定接手仁慈堂的痲瘋病醫治服務，分別在路環九澳與橫琴島設立痲瘋病院。直至 1896 年，澳門望德堂痲瘋病院的最後 3 名病人被轉移到路環九澳的痲瘋病院後關閉。

　　除了設立醫院及痲瘋病院外，仁慈堂的慈善事業還體現在收容孤寡及恤貧濟老方面。仁慈堂在創立之初，就設立被稱為"轉輪"的棄嬰之家，收容棄嬰，尤其是被父母丟棄的女嬰。1637年，仁慈堂創辦孤兒院，收留棄兒、孤童及被拐賣的兒童，並提供教育機會，該院是澳門歷史上首間孤兒院。1762年，設立婦女收容所，收容那些從良婦女，教授她們織布與裁縫等方面的技能，協助其重返社會。仁慈堂還於望德堂附近設立"貧窮者之家"，接收無依無靠的貧困者。抗戰時期，大批來自上海的葡裔難僑就安置在"貧窮者之家"；此後又成為專收女性長者的老人院，最多時收養有上百名婆婆，周圍居民稱其為"婆仔屋"。

仁慈堂婆仔屋

　　此外，仁慈堂曾經在望德堂區向貧困家庭提供廉租房屋，又於 1896 年設經濟飯堂，為貧困學生提供衣食與書籍、補助學費，還為囚犯提供物質與精神援助。

現時：提供托兒、安老等公益服務

　　回歸後，仁慈堂的慈善事業迎來新的拓展。目前，仁慈堂設有安老院、托兒所與盲人重建中心。仁慈堂安老院設於高園街，2000 年對原院舍進行擴建與翻新，安老院重新啟用後，將原居住在婆仔屋的 52 位婆婆遷入，婆仔屋安老服務因此而結束，現已打造成集藝術、表演、展覽與創意人才培養於一身的

仁慈堂盲人重建中心

澳門仁慈堂婆仔屋文化及創意產業空間。重建後的仁慈堂安老院不但可以容納多達 120 餘位長者入住，而且內部的生活設施得以完善，為居住的長者提供安享晚年的空間。

2002 年，為滿足社會對托兒服務的需求以及彌補澳門葡語托兒教育的缺乏，仁慈堂決定開辦托兒所，向社會提供葡語與中文雙語教學的托兒服務。起初，托兒所僅能提供托管 100 名 3 個月至 3 歲的幼兒，2011 年進行擴建，現時可以服務 258 名幼兒，共設 11 個班。

盲人重建中心是現時仁慈堂轄下的一間公益服務機構。該中心原本由美國海外盲人基金會創立及贊助，自 1963 年由澳門仁慈堂接手管理。該中心面向澳門患有嚴重視障的人士提供康復與休養服務，現有 50 名盲人在中心接受服務。中心為視障人士提供編織訓練，開辦電腦知識與凸字應用學習課程，亦開設庇護工廠，吸納一些具職業技能的盲人工作，並協助盲人融入社會。

仁慈堂博物館

　　此外，仁慈堂還設有博物館。博物館收藏與展示四個多世紀以來仁慈堂的文物以及天主教教會的祭品用具和宗教藝術品，其中最珍貴的藏品是 1662 年《澳門仁慈堂章程》原始手稿。

鏡湖醫院慈善會

創立初始

鏡湖醫院慈善會創建於 1871 年，據《澳門鏡湖醫院慈善會會史》記載，彼時澳門的一般勞苦大眾，"其處境窮困，生計無依，瘴疾天災，淪落街頭，蹲足於破簷爛屋之中，拾破營爛以尋覓二餐餬口，時遇流疫或風災水患，滿目慘狀……鑒此，在澳門之慈善人士及商行，發起組織慈善團體，專司醫療，賑災救濟貧苦。"

鏡湖醫院正門對聯

建於 1871 年的鏡湖醫院

可見，鏡湖醫院的創建是適應當時澳門底層社會對醫療及救濟服務的迫切需求而生的。創建初時，以 152 人為倡建值事，募集資金，籌劃建院，並於 1871 年推沈旺、曹有、德豐、王六為代表向澳葡公物會辦理院址和立契手續。獲批三巴門外土地後，開始動工興建醫院，建成的醫院為中式平房建築。自此，鏡湖醫院開始向澳門社會提供醫療、施棺殯葬、助困濟貧、施教育才等慈善公益服務。

醫療

　　1874 年，醫院對外開診，提供中醫治療服務。至 1892 年，孫中山從香港西醫書院畢業，經引薦來澳受聘於鏡湖醫院擔任義務西醫，成為澳門第一位華人西醫。可是，孫中山在澳門行醫不久便因受葡籍西醫排擠而離開澳門，鏡湖再度回復中醫診症。1919 年，鏡湖醫院創建留醫所。

　　隨著日本侵華戰爭的爆發，大量難民湧入澳門，鏡湖醫院承擔了繁重的醫療救濟工作。在向難民施濟的同時，鏡湖醫院引入西醫診療，聘請西醫顧問團，改進醫療技術。1944 年，鏡湖醫院籌設手術室。

鏡湖醫院內的孫中山塑像

孫中山先生在鏡湖使用過的傢具

經與澳葡政府交涉，華籍醫師獲發外科執照，1945
年，鏡湖醫院正式開設手術室。

　　戰後，鏡湖醫院改為院長制。柯麟獲任為首任院
長。在柯任院長期間，醫院得到較大發展，增設了消
毒室、化驗室、藥房以及病床等。

　　澳門回歸後，鏡湖醫院進入新的發展階段。醫
院陸續添置了核磁共振、微創外科手術器械、直線
加速器等設備，還對門診大樓進行改造，新建住院
大樓與霍英東博士專科醫療大樓，擴展醫療空間。
2005 年，新建氹仔醫療中心，為市民提供 24 小時急
診及各科服務。現時的鏡湖醫院已發展成為集醫療、

1999 年建成的鏡湖
醫院的住院大樓

2005 年 10 月 21 日，
鏡湖醫院氹仔醫療中心啟用儀式

預防、教學與科研為一體的現代化綜合性醫院。醫院本部包括三個門診部及一個急診部。在收費方面，醫院始終保持慈善醫院特色，免費與低收費者佔很大比例。

施棺殮葬

　　以置地設塚、施棺殮葬為主的善終服務是鏡湖醫院早期重要的慈善活動。1871 年鏡湖醫院建院時，選址與時為澳門郊外的一片墳場相鄰，意含利便埋葬死者。鏡湖醫院成立不久，即於 1874 年的 "9·22" 與次年的 "5·31" 風災中動員捐款、掩埋死難者屍體、處理善後事宜。1885 年，倡立拯救風災保善堂，負責海難事件發生後的風災救援及善後工作。1888 年，鏡湖醫院獲內地前山軍民府准請，撥地在關閘外高沙設義塚。1898 年，盧焯之、何穗田購買灣仔火墰村荒埔稅地一丘，送鏡湖醫院灣仔分局作為義山。鏡湖醫院對留醫窮人死亡者、曝屍街頭者以及各種災難中的喪命者，予以施棺殮葬。據該院 1929 年徵信錄記載，在 1871 年至 1929 年間，該院義地共埋葬死者 22306 人，至於由該院施棺木、石碑自行埋葬的死者則難計其數。1906 年，鏡湖醫院在醫院東面建設送殯的 "長亭"。1951 年，在連勝街興建早期殯儀場所——鏡湖殮房。1964 年，殮房遷往提督馬路的義莊並重建，1966 年啟用命名為鏡湖殯儀館。1977 年，在殯儀館附近建立 "思親園"，設有供拜祭的骨殖堂。2015 年，殯儀館再次擴建。長期以來，殯儀館對於貧困居民減免殮葬費。

濟貧助困

　　歷史上，鏡湖醫院曾以 "平糴" 方式救濟窮人。"平糴"，是指鏡湖醫院籌款到外埠購買大批糧食運回澳門，以低廉的價格轉售予澳門窮苦百姓。據鏡湖醫院議案錄記載，1907 年，鏡湖醫院借款從外地購米回澳，向貧民 "平糴"。初在沙梨頭、大街、下環街三處設點平

鏡湖醫院贈醫處

糶，後遷回院內搭棚平糶。抗戰爆發後的 1938 年 11 月，面對湧入澳門的內地難民，鏡湖醫院兩周內收容達 2000 餘人。1941 年 3 月 5 日，日軍派飛機轟炸中山，大批難民避入澳門，3 天之內鏡湖醫院收容難民達 1371 名。鏡湖醫院在戰時收養了 400 餘名難童，並設難童療養所。該院還收留治療若干名英、美、葡籍難民。戰爭災難之外，對於因居所遭火災焚毀無家可歸的居民，鏡湖醫院搭葵棚予以安置。對於海難事故中漂流來澳者，警廳常送交鏡湖醫院收留或由鏡湖醫院遣送。此外，鏡湖醫院慈善會還參與了 1950 年與 1955 年青洲火災，1954 年、1957 年與 1960 年馬場風災，1960 年提督馬路火災及 1961 年青洲石仔堆火災的災民救濟與建屋安置工作。

1941 年鏡湖醫院難童收養所

1955 年，中總、鏡湖、同善堂、工聯四大社團組織發放廣東救濟會青洲火災救濟米

興辦教育

　　鏡湖醫院參與了澳門最早的一批義學興辦。1892年，鏡湖醫院在澳門各區辦起五處義學，招收貧苦家庭失學兒童。1906年，合併五處義學，改設一所小學，以鏡湖醫院內的部份房屋為校舍，是為鏡湖小學。之後，陸續增添設施，改進校務，至1920年代，鏡湖小學成為澳門聲譽日隆的華校。1948年，鏡湖小學與平民學校合併成立鏡湖平民聯合小學。由於招生規模有限，難以滿足社會需要，1990年，鏡湖醫院慈善會籌資擴建。1992年，新校舍啟用，學校更名為鏡平學校。1994年，籌辦鏡平學校中學部。1997年，中學部落成啟用。現時的鏡平學校已

1997年，在澳門北區興建的
鏡平學校中學部

2011年，鏡平學校中學部
新校舍啟用儀式

成為提供學前教育、小學教育預備班、小學教育以及中學教育的綜合性教育機構。

值得一提的是，鏡湖醫院慈善會於 1923 年創辦鏡湖護士助產學校。該校成立時取名鏡湖高級護士學校，依據中華護士學會制定的規章設置課程、分科教授。1945 年，柯麟任校長，更校名為澳門私立鏡湖高級護士職業學校。1951 年，縮短修業期限，校名再次更名為澳門私立鏡湖護士助產學校。1989 年，鏡湖護士助產學校獲澳門政府正式批准註冊。1999 年，更名為澳門鏡湖護理學院。現時，學院開授護理學學士與碩士課程，為澳門各醫療機構輸送了大批護理專門人才。

此外，關於鏡湖醫院慈善會領導體制及領導人演變方面，初時鏡湖醫院慈善會實行值理制，1942 年訂立慈善會立案章程，1943 年設總辦事處，1946 年改值理制為董事制，現時實行理監事制度。在其發展歷程中，貢獻卓著者有盧九、盧廉若、劉敘堂、林炳炎、何賢、馬萬祺、柯麟等人。

同善堂

往昔：創立與發展

　　同善堂是著名的澳門慈善社團，其創立於 1892 年，初名 "同善別墅"，有值理張敬堂、蔡鶴朋、王麟生、王藹人等。同善堂的宗旨是 "同心濟世，善氣迎人"。初時，在板樟堂第 27 號屋辦理贈醫施藥及宣講善書等服務；不久，在議事亭前地購地興建堂所用房，位於議事亭前地 14 號。1920 年前後，議事亭前地堂址為政府徵用興建郵政大樓，同善堂短暫遷往福隆新街；1924 年，位於爐石塘（今名庇山耶街）的現址新廈落成後遷入，沿用至今。

　　同善堂成立後陸續增設子會，興辦施棺、贈醫、恤貧、派米、賑災、救濟等慈善服務。1894 年，由陳鐸卿等 32 人倡設保產善會，協助貧苦孕婦分娩、保護母嬰平安。1895 年，成立施棺木仵工善會，由麥潤齊等 89 人任值事，捐施棺木及仵工予貧窮之家。1897 年，由林向春等共 180 人捐款成立了施藥劑善會，向貧窮居民贈醫施藥。1898 年，成立賙恤

同善堂　　　　　　　　同善堂藥局

善會，向老弱無依者派發棉衣、米粟等物品。1898
年，成立中元水陸超幽會，舉辦儀式普渡幽魂。同善
堂開辦的許多善舉開澳門施善服務之先河。

　　1924年，興辦附設於同善堂後座的書塾式學
堂——同善堂貧民義學，招收數十名男學生，並於晚
間在堂內開辦宣講四書五經的講"聖諭"活動。1937
年，貧民義學擴展為普通小學，並開始招收女學生。
1941年，籌款創辦同善堂藥局。

　　日本侵華戰爭期間，同善堂與澳門其他社團發起
創辦"澳門各界救災會"，籌款支援內地抗戰，並在
澳門開設粥廠、贈醫施棺、派發衣被、賑濟難民，尤

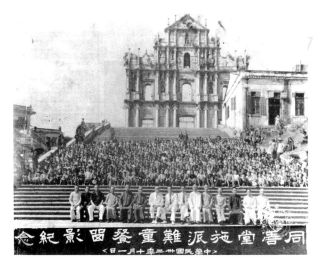

1943年10月1日，同善堂施派難童餐

其是面向難童提供"難童餐"。

　　進入 1950 年代以來，同善堂逐漸從提供以施濟為主的慈善服務轉向多元公益服務，逐漸發展成為一個大型的綜合化公益慈善社團。

現今：慈善與服務

　　經過百餘年的發展，目前，同善堂提供的日常服務包括贈醫施藥、助貧濟困、免費教育、長者服務與緊急救援等。

　　贈醫施藥是同善堂歷史最悠久的服務。初始，向貧窮人士施贈時症丸散，並因限於經費未裕而實行

"兩限"政策，即"限額贈診，限量用藥"。1953年，崔德祺任主席後，決定取消"兩限"，開放贈診。同時，同善堂診所也由開始時僅有中醫駐診，經添置醫療器材設備，發展成具備中、西醫診療的專業診所。現時，同善堂設有三間診所及兩間分診所，內設中醫內科、跌打、理療與西醫全科及牙科等科室，有中西醫護人員70餘名。

　　助貧濟困在同善堂由來已久，尤其是日本侵華期間，面對湧入澳門的大量難民，同善堂承擔起施粥賑濟的重任，並向露宿的難民派送寒衣，為倒斃街頭的死者施棺殮葬。隨著經濟發展與貧困者生活方式的改變，同善堂將施粥改為派白米與食油，並向貧困者發放領物證，現時，持領物證者已由以往領取米油改為領取超市米券和現金換物券。此外，同善堂還向遭遇風災、火災等人士提供緊急救濟服務。每當內地或國外地區遭遇災害或需要救助時，同善堂亦會提供善款或物資以救助有需要的人士。

　　同善堂是澳門最早提供15年免費教育的機構。長期以來，開辦免費教育是同善堂向社會提供的重

"鴉片屋" 今為同善堂
第二診所

2017 年 7 月 22 日,
同善堂每月派送超市
米券和現金換物券

要服務項目。1968 年,同善堂小學新校舍啟用,設日班與夜班六年制小學。1987 年,增設三年制幼稚園。1988 年,開辦夜間成人電腦、會計、葡文等專業進修班。1991 年,同善堂中學部新校舍啟用,與小學部相連接,學生的學習環境得到改善,教學設施配備齊全。同時,同善堂中學設有助學金、貸學金與獎學金,鼓勵學生升讀大學。而同善堂的免費托兒服務開始於 1976 年,當年在台山開設同善堂第一托兒所，招收百餘名幼兒入托；1979 年，在新橋區田畔街開設第二托兒所；此後陸續增設了三間托兒所，現今，同善堂已擁有五所托兒所，可以為在職家庭提供 960 名托額。由此，同善堂形成從托兒服務至高中教育及成人教育的系列化全面教育服務。

長者服務是同善堂推出的新服務。2013 年 9 月，設於同善堂崔德祺主席紀念樓的長者活動中心正式開辦。該中心為 55 歲以上的澳門居民提供文康、保健以及情緒支援與轉介服務。具體活動有興趣班、社區教育、健康資訊講座及康樂活動，以協助長者建立社交網絡、豐富長者晚年生活。

其他：經費與人物

同善堂經費來源除了部份堂產租項收益和政府支持外，大部份均為社會各界人士及機構的捐助，其中，堅持至今的"沿門勸捐"是該社團較具特色的籌款活動。沿門勸捐，是指從每年的農曆十月初一開始，在為期一個月的時間內，同善堂正副主席及值理在全澳門的大街小巷挨家逐戶勸捐。其行為類似托鉢

同善堂小學

同善堂中學

2017 年 7 月 22 日，同善堂托兒所

2017 年 7 月 22 日，
同善堂長者活動中心

化緣，故又稱"托鉢勸捐"。

　　同善堂實行值理會領導體制，長期以來，對同善堂貢獻較大的澳門知名人士有崔諾枝、高可寧、何賢、崔德祺等人，其中，崔德祺自 1953 年當選同善堂值理會主席，至 2007 年病逝，執掌同善堂長達半個多世紀，是推動與影響同善堂發展的關鍵人物。

同善堂內的崔諾枝（右）與高可寧（左）塑像

中華總商會

創立與發展

澳門中華總商會（簡稱中總）成立於 1913 年，是澳門第一個商會組織。1909 年，華商蕭登（蕭瀛洲）、李鏡荃、趙立夫三人呈請澳門總督批准設立華商會，1912 年獲葡京批准立案，取名澳門商會。第二年，澳門商會正式成立，推蕭瀛洲為首屆總理。

歷史小貼士

華商會的發起

關於澳門華商發起成立商會的流行說法是 1911 年（清宣統三年），蕭瀛洲等華商鑑於澳門華商日眾，乃發起籌備成立商會，擬具綱領，條陳澳門政府，請求批准。見《澳門中華總商會成立九十周年紀念特刊（1913–2003）》、《澳門工商年鑑（1951–1952）》等書刊。據澳門歷史檔案館所藏的民政廳（Administração Civil）檔案，1909 年（清宣統元年）3 月 22 日，蕭登、李鏡荃、趙立夫三人向澳門總督呈遞稟文，請求批准開設華商會，並附議訂商會章程四十一款。

後以旅澳華商總會名義呈中華民國工商部獲准立案。
1916年，正式定名為澳門中華總商會。

中華總商會成立之初，暫借同善堂為臨時辦公
處。之後，經康公廟值理會借出木橋街四號物業為
會所。1930年，值理會決議籌款購置議事亭前地18
號作會所。1987年，澳葡政府以批租方式給予中總
一處位於新口岸的土地興建新會所。新會所大樓於
1991年建成入遷，原議事亭舊會址則於1994年改建
成中華商業大廈。

中華總商會初設總理值理制，一年一任。1935
年，改為主席值理制。1948年，設理監事制。1956
年，理監事任期由一年改為兩年。1968年，廢監事
會，改為理事制。1980年，理事制改會董制。1986
年，恢復監事會，實行會董監事制。1994年，會
董、監事任期由兩年改為三年。2000年，改會長、
理監事制。2010年，規定會長、理事長和監事長連
任不得超過兩屆。在中總發展歷程中，具影響力的領
袖有蕭瀛洲、盧焯孫、范潔朋、高可寧、劉柏盈、何
賢、馬萬祺等人。澳門中華總商會的會員分為三大

中華總商會大廈

新口岸澳門中華總商會大廈
於 1991 年落成啟用

2003 年 1 月 3 日，
中總成立 90 周年會慶時何厚鏵行政長官向馬
會長致送服務紀念獎座

2003 年 1 月 8 日，
全國政協主席李瑞環出席中總 90 周
年會慶

類：一是團體會員，為行業性商會組織；二是商號會員，為公司商號；三是個人會員。至 1990 年代，該會宗旨確定為：積極配合澳門政府各項政策，團結工商界人士，致力於為澳門居民及工商界爭取合理權益，致力澳門社會穩定與經濟繁榮。

中華總商會在歷屆架構成員的領導下，會務日益發展，保持了在澳門作為 "領袖眾商" 的工商社團地位，影響甚至超越工商界而達於澳門社會。

2013 年 2 月 21 日，
中總慶祝成立百周年宴會，全國人大常委會委員長吳邦國為中總題字

服務工商

　　長期以來，中華總商會聯絡與服務於澳門工商界，維護工商界合理權益。1935 年，中總在會內附設商品陳列所。1941 年，設商務諮詢處，服務眾商。自 1970 年代以來，每年春節之後，中總例必邀集澳門本地各業人士舉辦工商業座談會，聽取各業訴求，並將各業人士反映的意見整理匯集、送交政府有關部門。中總還常年為澳門廠商及出口商簽發產地來源證明，向會員提供商事服務。

　　中總協助工商企業外訪，拓展貿易機會。自 1957 年開始，中總應邀組織澳門本地商戶參加每年春秋兩季廣交會，協助洽談貿易。除參加廣交會外，中總還為澳企組團前往國外考察交流，如 1981 年前往葡國及歐洲多國考察；1997 年前往泰國、緬甸進行商貿交流；2002 年前往新馬泰交流訪問。通過考察訪問，中總對外推介澳門、吸引外企投資澳門，同時協助澳企瞭解與拓展國外市場。

　　中總促進區域合作，推動經濟多元發展。為了配合澳門"一中心一平台"的發展定位及參與粵港澳

2010 年 10 月 28 日，
在中總與澳門世界貿易中心合辦的"澳門
ATA 單證冊啟動儀式"上，國際商會亞洲
區區域主管李如松女士向馬有禮會長致送
紀念品

2014 年 4 月 15 日，
中總代表團成員在第 115 屆廣交會
開幕酒會上與中國 · 葡語國家經貿
合作論壇嘉賓合影

2014 年 5 月 18 日，
葡國總統施華高在澳門陸軍俱樂部主持中
總與葡中工商協會簽署合作協議儀式

2016 年 4 月 21 日，
梁維特司長與中總婦委會團員在
"活力澳門推廣周 · 廣東江門"歡
迎宴上合照

大灣區建設，中總通過泛珠三角商會聯席會議、粵港澳主要商會高層圓桌會議等機制，發揮自身應有的橋樑與仲介作用，拓展澳門商企對外合作空間。2008年，中總正式加入世界商會聯合會（WCF），並申請加入世界"ATA 單證冊"體系。2011年，中總獲選為世界商會聯合會理事會成員。

服務社會

　　作為澳門華人代表性社團，澳門中華總商會不僅為澳門工商界謀求利益，而且向澳門華人提供社會服務。一直以來，賑濟救難是中總義不容辭的責任。在日本侵華戰爭期間，面對內地抗戰局勢以及大量流落澳門的難胞，中總聯絡澳門各大社團及各階層成立各界救災會，發起募集款物，進行救亡賑濟活動。其中包括組織難民中有勞動能力者填濠、平地、耕種等，向務工難民發放工資，以"以工代賑"方式救濟難民。在 1950 年代澳門北區的幾場火災中，中總聯合各界捐款救濟災民，協助災民重建家園。在 20 世紀 50、60 年代，中總向澳門華人居民發放回鄉

1954 年，何賢主席代表四社團向氹仔災民致深切慰問

港澳同胞回鄉證明書及清明掃墓證

　　證明書，協助華人回內地探親旅行。

　　1958 年，澳門淡水供應出現短缺，中總聯同澳門各大社團代表，請求廣東省及中山縣協助解決澳門淡水供應，經與廣東方面聯絡協商，決定在鄰近澳門的灣仔竹仙洞、銀坑兩地建設水庫，向澳門輸送淡水，中總負責籌劃款項支持施工。1960 年，竹仙洞水庫建成，開始向澳門供水，緩解了澳門的水荒。

中總八角亭閱書報室

2013 年 4 月 22 日，中總捐款一百萬元交澳門紅十字會轉四川雅安市地震受災同胞

　　1948 年 6 月，何賢向中總捐贈南灣八角亭，用以開辦閱書報室。該閱書報室現已成為面向居民開放的公共圖書室，有兩萬餘冊藏書、幾十種報刊。

　　1947 年，中總開辦國語研究班。1949 年，為培養商業人才，開辦商業訓練班，設簿記、珠算等科，又併入國語研究班，為國語科。為滿足社會需要，1954 年，在商業訓練班基礎上開辦商訓夜中學。

1983 年，商訓夜中學擴辦高中課程，面向在職青年提供補償中學教育的機會。現時，該校已成為政府認可的成人回歸教育學校。

1950 年，青洲大火，中總參與救災。籌募後期，高可寧捐出青洲地段，商會利用該地段於次年設立青洲平民識字學校，回應當地居民對子女教育的訴求。1954 年，該校被火焚毀，商會隨即斥資重建，次年落成，更名為青洲小學；之後不斷改建，至2021 年，青洲中學擴建工程竣工，學校更名為澳門中華總商會附設青洲中學。2021/2022 學年，該校設幼兒教育 9 個班、小學 16 個班，及中學 2 個班。

2012 年 3 月 2 日，
商訓夜中學 "齊心清潔社區日" 活動

青洲小學擴建中學校舍

參政議政

在澳葡時期，作為總督諮詢機構的政務委員會或立法會中華人代表一職多由中總領袖擔任，如何賢於 1955 年出任華人代表。1976 年之後，按照《澳門組織章程》設立的立法會與諮詢會均有中總人士的參與，如馬萬祺、崔德祺、彭彼得、吳榮恪、何厚鏵、高開賢、許世元等中總人士當選立法會間選議員。市政議會中也有中總人士，如崔世昌當選澳葡第二屆澳門市政議會議員。

1980 年代，澳門進入過渡期，中總積極參與澳門回歸與特區政府籌組工作。1988 年，澳門特區基本法起草委員會與諮詢委員會成立。中總領導馬萬祺、崔德祺與何厚鏵等成為兩個委員會的主要成員。1998 年，澳門特區籌備委員會成立，馬萬祺、何厚鏵擔任副主任委員。為了實現澳門政權的平穩過渡，中總成立了關注澳門回歸工作小組。為慶祝澳門回歸，中總成立慶祝澳門回歸祖國工作委員會，參加大型巡遊與迎駐軍入城活動，在何賢公園內建造澳門回歸紀念亭。

中華總商會組隊參加慶回歸百萬行

　　特區成立後，中總人士直接參與特區立法會間接選舉，歷屆間選工商金融界別議員一直由中總推薦的候選人當選。同樣，中總人士亦受邀出任特區政府歷屆行政會成員。此外，中總人士還被特區政府委任為多個政策諮詢委員會成員，包括經濟發展委員會、社會協調常設委員會、消費者委員會、社會保障基金委員會、旅遊發展委員會、職業稅評定委員會、文化產業委員會、市政署諮詢委員會等。

　　總之，澳門中華總商會自成立以來，始終致力維護工商利益，致力提升居民福祉，促進澳門經濟發展與社會進步，與時俱進，不斷成長，逐漸成為澳門社會發展進步的重要推動力量。

工會聯合總會

創立與發展

　　1950 年 1 月 20 日，由澳門上架木藝工會、茶樓餅業工會、鞋業工會發起，聯合其他行業共 12 個工會，於澳門鏡湖醫院禮堂舉行澳門工會聯合總會成立大會。工聯總會（簡稱工聯）成立之後，隨即投入到保障工人權益、調處勞資糾紛、關心職工福利等事務中。在商會支持下，新成立的工聯總會取得了調解勞資糾紛的勞方代表權，並成功地調解了時昌鞋店、巴

2015 年 1 月 20 日，工聯大廈開幕

士公司、水電公司、國際酒店等勞資糾紛，初步樹立了工聯總會在維護工人權益上的權威。工聯總會還創辦勞工子弟學校，成立工人醫療所，藉此解決勞工就醫及其子女就學問題，贏得了普通工人的支持。1950年代後期，工聯還開辦了工人康樂館、工人體育場，豐富職工業餘文化生活。

　　1966年，澳門爆發"一二‧三"警民衝突事件，工聯總會領導各業職工與其他愛國社團及各界群眾一起對抗澳葡暴行，終於迫使澳葡當局接受條件，認錯、賠償並將受國民黨控制的自由工會組織驅逐出澳

1950 年工聯第一屆理事宣誓就職

五十年代工會留影

門，工聯總會由此成為澳門最具代表性的勞工組織。

　　進入 1980 年代，工聯總會的工作重點轉移到推動澳門勞動立法、反對澳葡當局輸入外勞以及迎接澳門回歸、籌建特區政府等事務。同時，工聯總會陸續開辦了一些面向職工與居民的社會服務機構。

　　隨著澳門特區的成立，工聯總會的角色開始發生相應變化。作為愛國愛澳社團，工聯總會支持特區政府依法施政，積極參與特區各項建設事業，努力成為勞工階層利益的維護者、特區建設的參與者與和諧社會的建設者。

權益維護

　　1980 年代之前，工聯主要通過個案形式為不同企業與不同行業的職工爭取改善工作條件與保障薪酬待遇。進入 1980 年代，工聯轉向通過要求政府訂立勞工法律來推動維護工人權益。在工聯的爭取下，1982 年，澳門政府訂定《工業場所勞工安全與衛生總章程》。1984 年，頒佈實施《勞資關係法》（又稱"勞工法"），該法規範了有薪假期、解雇補償等事項。1985 年，公佈《雇員保險賠償法》，要求雇主必須為雇員購買勞工保險。1988 年，工聯派代表參加社會協調常設委員會，並提出修訂勞資關係法。1989 年，頒佈新勞資關係法，提高了雇員工作保障與福利條件。1990 年，實施社會保障基金法案，法案規定雇員可享有養老金、失業救濟金、疾病津貼等。上述一系列勞工法律的立法與實施，可以更加廣泛地使雇員權益得到法律保障。同時，工聯對政府允許輸入外勞政策從而衝擊本地工人就業表達關切與反對，要求政府檢討及停止輸入外地勞工。1987 年 9 月 18 日，工聯代表拜會澳督，反映工人對輸入勞工的憂慮。1989 年 8 月，工聯分兩階段收集各界人士反對輸入外勞的簽名，並將簽名送交澳督，促停止輸入外勞。1995 年，在工聯的持續反對下，澳葡政府宣佈在未來兩年暫停輸入外勞。

回歸後，工聯總會繼續將維權作為工作重點之一。在維權方面，工聯非常重視居民的就業保障。2008 至 2009 年間，面對國際金融海嘯的影響，工聯總會發動博企員工簽名行動，積極勸說博企以減薪與放無薪假方案代替裁員，從而使本地雇員工作崗位得到保障。為減少工人失業，工聯積極推動政府出台在崗培訓計劃、低收入補貼計劃等。同時，工聯持續推進《勞資關係法》、《社會保障制度》與《輸入外地雇員法》三項與勞工權益密切相關法案的訂定與修訂，提高職工勞動保障條件，構建全民基本養老制度，使輸入外勞納入法律規管。2008 年，推動政府設立低收入人士的工資補貼制度。2014 年，成功爭取物業管理範疇的清潔、保安雇員最低工資法案立法。同時，工聯以各種方式表示反對濫輸外勞，堅持博彩莊荷、監場主任和職業司機三種職業禁止輸入外雇。

工人康樂館開幕

2016 年工聯五一集會

服務拓展

工聯成立之初，主要是面向工友提供救濟及福利服務。1951 年，工聯成立福利救濟委員會，調查工友失業情況，籌募基金，展開向失業工友發放救濟米、慰問貧苦工友等工作。1952 年，工聯倡議建立澳門各界同胞救濟失業工人及貧苦同胞委員會，籌款開展救濟工作。1954 年，成立工人服務部。1959 年，成立工人家屬人壽會，拓展各業工人及家屬的福利事業。1983 年，印發工聯福利咭，持咭會員在指定商號購物可獲優惠。在關心工友的同時，工聯亦向居民提供救濟。20 世紀 50、60 年代，工聯多次與其他社團一起向北區受火災與風災的居民提供救濟，發放救濟金與白米，提供免費診療，協助災民重建家園。回歸初期，因社會經濟不振而導致工人失業增加，工聯總會發起籌款活動，救濟失業工人家庭。2000 年，成立職業轉介服務部，為失業員工與雇主免費提供失業登記和職位配對服務。

在教育服務方面，1950 年，工聯成立勞工教育協進會，籌款創辦勞工子弟學校。1955 年，工聯協

勞工子弟學校

2012 年 8 月 11 日，育苗獎學金（大學）頒獎禮

助鮮魚、旅業等工會相繼開辦工人子弟學校。1956年，開辦工人業餘夜校。1974 年，勞校小學部擴建新校舍。1982 年 8 月，工聯教育委員會撥款擴建勞校中學部。1982 年 7 月，業餘進修中心開課。現時，工聯總會屬下的教育機構有勞工子弟學校（包括幼稚園、小學部、中學部），以及工聯職業技術學校、工聯職業技能培訓中心、業餘進修中心、飲食服務廚藝培訓中心等機構，可以為不同階層人士提供專業化基礎教育與職業教育服務。

在醫療服務方面，1951 年，工人醫療所開幕。1959 年，工人醫療所氹仔分診所啟用。1975 年，工人醫療所林茂塘分診所開診。工人醫療所發展至今，設有三間診所、一隊家居護理服務隊，擁有完善的醫療設備，為職工及居民提供內科、婦科、眼科、牙科、中醫科、物理治療科等醫療保健及護理服務；此外，還於 2006 年成立氹仔工聯康復中心，接收由政府仁伯爵綜合醫院轉入的病人，提供康復護理服務。

　　在其他社會服務方面，從 1980 年代起，工聯自籌資金及在政府支持下陸續開辦了長者中心、社區中心與青年中心等社會服務機構。至目前為止，工聯屬下社會服務機構包括 6 間老人中心、5 間家庭及社區中心、7 間職工服務中心、2 間青年中心、4 間托兒所、1 間職業轉介服務部、1 間工人體育場等，其所提供的公共服務呈現出社會化和多元化走向，涉及範圍包括就業、技能培訓、老人、青少年、社區等。

工聯九澳護養院

工人托兒所 30 周年

長者服務方面，在 1988 年，工聯創辦的長者服務機構——松柏之家開幕。現時，工聯屬下設有九澳老人院、健頤長者服務中心等機構，可以為長者提供家居照顧服務、經濟午膳、書報閱讀、個案輔導及外展工作等服務。青年服務方面，工聯下設的工聯青年中心經常舉辦一些服務社會、交流探訪等活動，鼓勵青少年參與社會。幼兒服務方面，1966 年，工聯在沙嘉都喇街開辦托兒所；1986 年，工人托兒所正式啟用。現時，工聯總會屬下設有工人、望廈、童真、童樂托兒所，可以提供幼稚教育、幼兒保健和親子服務。社區服務方面，工聯在澳門不同地區設立服務中心，包

1998 年工人康樂館義賣援助內地水災災民

2018 年 10 月 28 日，工聯福利基金會賣旗籌款

括工聯北區綜合服務中心、台山社區中心和冰仔綜合服務中心等,發展家庭及社區支援網絡,開展就業服務、社工服務、親子活動等。體育文娛服務方面,工聯設有體育委員會、澳門工人康樂體育會、工人體育場等,不定期地舉辦體育活動以及其他文娛活動,如徵文、粵曲、民歌、舞蹈等,豐富職工及居民業餘生活。

參政議政

1984 年,工聯首次推派劉焯華參選澳葡時代立法會並當選,由此開啟了勞工界參政議政的歷程。此後,工聯人士還陸續獲選為諮詢會委員與市政議會議員。澳門進入過渡期後,工聯總會積極參與迎接澳門回歸與籌建特區政府事務,建言《澳門基本法》的制定與諮詢,參加澳門各界慶祝回歸文藝表演及群眾遊行活動。

特區成立後,工聯總會積極參政議政,先後推選候選人參加特區立法會直選,在歷屆直選中均有當選。而立法會勞工界別的間選也一直由工聯推薦的候選人當選，故此，在歷屆特區立法會中，出身工聯的議員有 3–4 名。其中，工聯總會領導人劉焯華當選為特區第四屆立法會主席，林香生當選特

五六十年代工聯已實行民主選舉

區第五屆立法會副主席。在特區政府歷屆行政會中，均有委任工聯人士參與。工聯人士還獲邀參加特區政府 30 餘個涉及勞工事務、公共事務和社會民生事務的政策諮詢機構，如科技委員會、經濟發展委員會、人才發展委員會、社會協調常設委員會、消費者委員會、旅遊發展委員會等，以及三個分區社區服務諮詢委員會。

此外，工聯總會還選派人士參選澳區全國人大代表且當選，並受邀成為全國政協與各省、市政協委員，以及全國及各省、市青聯會、海聯會、婦聯會委員。

街坊總會

創立與發展

　　長期以來，由於澳葡政府疏於社會管理與社會服務，澳門各區坊眾自發成立坊會組織，進行社區自治與福利自給。澳門最早的地區性坊會是 1950 年代成立的望廈、青洲、台山街坊會。至 1982 年，澳門先後成立了 24 個區域性坊會。進入 1980 年代，澳門面臨即將回歸祖國的歷史機遇，為了加強聯繫與團結，各區坊會加緊籌備成立街坊總會。1983 年 12 月 30 日，由 25 個區域街坊會聯合成立街坊總會（簡稱街總），首屆理事長由劉光普擔任。街坊總會的成立，是澳門愛國坊眾團結的表現，標誌著街坊工作的新里程。

街坊總會

　　街坊總會成立後，積極參與社會事務，維護居民權益，反映民意，參政議政，不斷拓展社會服務，實現其"團結坊眾，參與社會，關注民生，服務社群，共建特區"的宗旨。現時，街坊總會的組成單位分三類：第一類是屬會會員，即 28 個地區坊會；第二類是聯繫會員，即 50 多個大廈業主會；第三類是直屬辦事處與附屬服務機構，包括 4 個分區辦事處、1 個內地辦事處、30 多個附屬服務機構。街總採取理監事制，理事會下設社會事務、社會服務、公民教育、社區經濟等多個工作委員會，並設有秘書處。2009 年，社區服務大樓落成投入使用，為街總進一步拓展服務領域提供了更完善的服務設施。

望廈坊眾互助會

澳門路環石排灣居民互助會

社會服務

　　街總成立後，積極開展社區、家庭、長者、青少年、醫療和基礎教育等多元化服務，發展到現時，設有 17 個社區中心、12 個老人中心、10 個學生自修室、3 所學校、3 間診療所、3 間托兒所，形成覆蓋全澳各街區的社會服務網絡。

　　在教育服務上，1995 年，街坊總會籌資創辦澳門坊眾學校。初始設小學，現發展為辦學設施齊全的包括幼稚園、小學、中學的完整基礎教育機構。1998 年，街總開辦首間托兒服務機構——小海燕托兒所。之後，陸續接辦孟智豪托兒所與湖畔托兒所。托兒所內有專職幼師及輔助人員（專業醫生、護士等），確

1998 年 7 月 28 日，
街總小海燕托兒所

1999 年 11 月 29 日，
綠楊長者日間護理中心

保從教學到衛生全面提供培育幼兒健康成長的環境。

在長者服務上，面對澳門人口老化狀況，街坊總會積極開辦長者服務機構。1985 年，街總開辦首間長者服務機構——頤康中心。中心向長者提供個案工作、小組、工作坊、講座等多元化服務。此後，街總陸續開辦南區四坊會頤康中心、海傍區老人中心、綠楊長者日間護理中心、頤駿中心等機構。2002 年，街總成立長者關懷服務網絡，以社區照顧為理念，以義工為工作主體，向長者提供文康、社區參與、探訪等服務。2009 年，街總承辦平安通呼援服務中心，為獨居長者、長期病患等有需要人士提供 24 小時一鍵式按鐘求助緊急呼援服務。2017 年，街總舉辦關

2009 年 3 月 23 日，
澳門平安通呼援服務中心

愛社區大行動，連接超過 250 個社區組織、企業、商戶及大廈業主會等加入關愛聯盟，於公屋群中組織住戶成為愛心住戶，共同發掘社區內缺乏支持的長者；又設街坊車向長者提供接送服務；還相繼開辦長者玩具圖書館、長者健康服務站、二手輔具捐贈計劃等，為長者提供豐富的晚年生活及適切的服務。

在青少年服務上，1993 年，街總青少年綜合服務中心創辦。該中心現有四大品牌活動，包括“青年參與社會服務獎勵計劃”、“以愛傳城”、“愛 FUN 家族”、“親子反斗玩具圖書館”。街總的其他青少年服務機構還有學生輔導服務中心、迎聚點、社區青年服務隊、公民教育中心等，向青少年提供社區教育推

2019 年 11 月 26 日，街坊總會開辦的全澳首間輔具資源中心

2005 年 5 月 31 日，街總社區青年服務隊

廣、義工及領袖培訓、多元化興趣班、品德教育小組、持續進修課程、個案輔導等服務。

在醫療服務上，2007 年，街坊總會開設綜合診療中心，主要提供牙科治療服務，加強對青少年牙齒疾病的預防，對街坊宣傳牙齒保護知識。2009 年，街坊總會明德綜合診療中心成立，提供健康諮詢及中醫治療，包括中藥、針灸、推拿、拔罐等特色療法。

為了協助新移民儘快融入社區生活及適應澳門的生活環境，街坊總會開辦了新來澳人士服務部，提供語言、就業、心理等輔導服務。

2018 年，為服務居住大灣區的澳門市民，街總特於中山市設立辦事處。2019 年，街總廣東辦事處

2020 年 3 月 25 日，街總筷子基坊眾互助會醫務所

澳門街坊會聯合總會廣東辦事處

橫琴綜合服務中心揭牌，是澳門社團在內地開設的首個綜合社會服務項目。

社區建設

關心社區環境衛生是社區建設的重要內容。1988年，在筷子基坊會、青洲坊會、台山坊會支持下，街坊總會在三個街區發動大掃除運動；之後每年都在春節前進行全城大掃除，並聯合區域坊會開展城市清潔運動模範區活動。在 2003 年 "非典" 疫情期間，街總與衛生局等聯合舉辦全民清潔日活動，該活動現已成為澳門每年舉辦的固定活動。

社區治安與防火同樣是街總社區工作的常規項目。自 1989 年起，街總每年都與特區政府治安警察局、消防局、市政廳合辦 "共創社區新環境" 警民合作保平安活動。其中，與消防局合作進行清潔衛生及家居安全推廣工作，定期開展防火宣傳與講座，增強居民安全意識。

大廈工作是街總注重拓展的社區工作之一。街總協助業主成立大廈管理委員會，致力於維護業主權益,管理公共設施,促進大廈業主與管理公司的溝通,做好大廈管理,化解各方面矛盾與糾紛。

活躍社區經濟是街總主動配合政府決策的一項工作。街總自 2000 年開始在三盞燈街區舉辦東南亞美食嘉年華,推動該區成為東南亞風味美食區。同年,街坊總會與澳門生產力暨科技轉移中心合作在海傍舊皇宮仙舫前地舉行大笪地活動,共設 145 個售賣美食、工藝品、日用品、遊戲等攤位,吸引眾多觀光客光臨。2003 年,為恢復因 "非典" 疫情而遭受打擊的澳門經

家庭服務中心舉辦端午節活動

澳門提柯區坊眾互助會

濟，街總舉辦"歡樂澳門街"活動，組織 1000 多間中小商戶進場促銷，推動消費 5000 餘萬元。期間，又在荷蘭園二馬路舉辦"活色生香泰國夜"活動，展示泰國美食與藝術，吸引居民與遊客消費。在街總發動下，各區坊會在當地街區舉辦不同主題商業專項活動，形成"區區有特色，處處有美食"的景象。

此外，街總還積極參與社區危機事件處理，誠心解決居民實際困難。澳門老城區的部份居民區地處低窪，缺乏排水設施，遭遇暴雨、颱風天氣經常發生水浸災害，居民深受其擾。經過街坊總會協調，政府在受災嚴重地段修建了雨水泵站、改善了排水設施。街坊總會還不遺餘力地推動政府完善社區服務配套、美化社區居民和營商環境、優化公交服務等。

參政議政

街總成立後，積極參與澳門回歸祖國、《基本法》制訂與特區政府籌建事務。在《基本法》制訂過程中，1988 年，街總副理事長李康獲委為澳門基本法起草委員會委員；1989 年，街總秘書長吳仕明被推選進入澳門基本法諮詢委員會。同時，街總成立關注基本法起草委員會，瞭解坊眾對基本法內容的期望，及時向起草委員會反映。《基本法》公佈後，組織基本法宣講組，宣傳《基本法》。1998 年，街總代表李康進入特區籌委會。1998 年 6 月，街坊總會成立迎回歸工作委員會。1999 年 12 月 20 日，街坊總會組織的"蓮燈光耀慶回歸"主題花車參加了"邁向美好明天"大巡遊。

1988 年，街坊總會派出劉光普參加澳葡第四屆立法會選舉並當選。1989 年，澳門舉行第一屆市政議會選舉，街總與其他友好社團組成群力促進會參選，4 名街總人士獲選為市政議會議員。回歸後，街總繼續推派代表梁慶庭參加立法會選舉，並當選為特區第一屆至第三屆立法會議員，其後由何潤生參選，並當選為第四屆至第七屆立法會議員。此外，街總多位人士應邀出任特區政府經濟、人才發展、環保、醫療、教育、青年、長者、婦女、都市更新、交通、社區服務和社會工作等範疇的多個諮詢委員會委員。

反映居民意見及提出政策建議是街坊總會參政議

政的基本方式。居民住屋保障是街總長期關注的政策
議題。澳葡時期，街坊總會推動政府興建大量公共房
屋，解決了大批經濟困難家庭的居住問題。回歸後，
街坊總會推動特區政府制訂落實興建公共房屋計劃，
出台特別印花稅以抑制私樓炒風，同時，推動增加
公共房屋供應量，改革經濟房屋申請排序方式，為申
請社會房屋的居民訂定輪候期，加快申請入住社屋審
批，放寬申請家庭入息限制。社會保障和醫療保障也
是澳門重要的民生議題，街坊總會長期持續推動政府
完善社會保障和醫療保障，以解決居民的後顧之憂。
經過多年努力，街總成功推動特區政府實施了"全
民供款、全民受保"措施，落實建立了中央公積金
制度。

街坊總會離島辦事處

附錄

一、回歸以來澳門社團發展與人口增長統計

年　份	社　團			人　口		社團密度 （單位：‰）
	當年新增 社團	累積 社團數	增長率 （單位：%）	人數 （單位：千人）	增長率 （單位：%）	
至 1999 年 累計	–	1722	–	429.6	–	4.01
2000 年	117	1839	+6.8	431.5	+0.4	4.26
2001 年	149	1988	+8.1	436.3	+1.1	4.55
2002 年	196	2184	+9.9	440.5	+1.0	4.96
2003 年	146	2330	+6.7	446.7	+1.4	5.22
2004 年	200	2530	+8.6	462.6	+3.6	5.47
2005 年	232	2762	+9.2	484.3	+4.7	5.70
2006 年	682	3444	+24.7	513.4	+6.0	6.71
2007 年	275	3719	+8.0	538.1	+4.8	6.91
2008 年	290	4009	+7.8	543.1	+0.9	7.99
2009 年	398	4407	+9.9	533.3	-1.8	8.13
2010 年	366	4773	+8.3	540.6	+1.4	8.64
2011 年	369	5142	+7.7	557.4	+3.1	9.22
2012 年	443	5585	+8.6	582.0	+4.4	9.68
2013 年	427	6012	+7.6	607.5	+4.4	9.90
2014 年	542	6554	+9.0	636.2	+4.7	10.30
2015 年	578	7132	+8.8	646.8	+1.7	11.03
2016 年	531	7663	+7.4	644.9	-0.3	11.90

續表

2017 年	566	8229	+7.4	653.1	+1.3	12.60
2018 年	637	8866	+7.7	667.4	+2.2	13.30
2019 年	567	9433	+6.4	679.6	+1.8	13.88
2020 年	553	9986	+5.9	683.1	+0.5	14.62
2021 年	646	10632	+6.5	683.2	+0.0	15.56

資料來源：澳門特區身份證明局社團登記資料及《澳門特別行政區公報》。
　　　　　澳門特區統計暨普查局，http://www.dsec.gov.mo/c_index.html。

二、澳門社團分類統計及其結構變動

序號	類　別	1999.12.31 之前		2000.1.1－2021.12.31		結構變動 （單位：%）
		數量	結構 （單位：%）	數量	結構 （單位：%）	
1	工商類	91	5.3	986	11.1	+5.8
2	工會類	99	5.7	209	2.4	-3.3
3	專業類	62	3.6	403	4.5	+0.9
4	教育類	46	2.7	482	5.4	+2.7
5	文化類	241	14.0	1,817	20.4	+6.4
6	學術類	78	4.5	983	11.0	+6.5
7	慈善類	65	3.8	367	4.1	+0.3
8	社區類	85	4.9	203	2.3	-2.6
9	鄉族類	115	6.7	518	5.8	-0.9
10	聯誼類	107	6.2	981	11.0	+4.8
11	體育類	460	26.7	1,623	18.2	-8.5
12	宗教類	209	12.1	243	2.7	-9.4
13	政治類	7	0.4	68	0.8	+0.4
14	其　他	57	3.3	27	0.3	-3.0
	總　計	1722	100.0	8910	100.0	0.0

資料來源：根據澳門身份證明局社團登記資料及《澳門特區公報》分類統計。

參考書目

1. 《澳門工會聯合總會成立五十周年紀念特刊》，澳門：澳門工會聯合總會，2000 年。

2. 《澳門街坊會聯合總會成立三十五周年特刊（1983–2018）》，澳門：澳門街坊會聯合總會，2019 年。

3. 《澳門社團現狀與前瞻》課題小組：《澳門社團現狀與前瞻》，澳門：澳門發展策略研究中心，2000 年。

4. 澳門中華總商會編：《澳門中華總商會成立一百周年紀念特刊（1913–2013）》，澳門：澳門中華總商會，2013 年。

5. 許世元、崔世平、馮國輝、同善堂秘書處編：《同善堂一百二十周年特刊》，澳門：同善堂值理會，2013 年。

6. 《鏡湖醫院慈善會創辦一百三十周年紀念特刊》，澳門：澳門鏡湖醫院慈善會，2001 年。

7. 李鵬翥：《澳門古今》，香港：三聯書店（香港）有限公司、澳門：澳門星光出版社，1988 年。

8. 婁勝華：《轉型時期澳門社團研究 —— 多元社會中法團主義體制解析》，廣州：廣東人民出版社，2004 年。

9. 婁勝華：〈庇護主義與澳門社團文化（三）〉，《澳門日報》，2009 年 4 月 27 日，E07 版。

10. 婁勝華：〈論澳門民間社團功能的 "擬政府化" 現象〉，《澳門 · 2004》，澳門：澳門基金會，2004 年。

11. 婁勝華：〈成長與轉變：回歸以來澳門社團的發展〉，《港澳研究》，2016 年第 4 期。

12. 潘冠瑾：《澳門社團體制變遷 —— 自治、代表與參政》，北京：社會科學文獻出版社，2010 年。

13. 王文達：《澳門掌故》，澳門：澳門教育出版社，1999 年。

14. 吳宏岐、吳渭：《行善濟眾：澳門仁慈堂的慈善事業》，澳門：澳門特別行政區政府文化局，2018 年。

15. 吳潤生主編：《澳門鏡湖醫院慈善會會史》，澳門：澳門鏡湖醫院慈善會，2001 年。

16. 吳志良、楊允中主編：《澳門百科全書》，澳門：澳門基金會，2005 年。

17. 楊仁飛：〈澳門社團發展 —— 過去、現狀與展望〉，《澳門研究》，1998 年第 7 期。

18. 鄭淑賢、何遠達：《澳門仁慈堂：過去與未來》，澳門：澳門仁慈堂，2011 年。

19. 澳門工會聯合總會：http://www.faom.org.mo/portal.php

20. 澳門街坊會聯合總會：http://www.ugamm.org.mo

21. 澳門鏡湖醫院：http://www.kwh.org.mo

22. 澳門同善堂：https://tst.org.mo/index.php

23. 澳門仁慈堂：http://www.scmm.mo/frontend/main/

24. 澳門中華總商會：http://www.acm.org.mo/intro/history.htm

圖片出處

P.010：蔡少民攝

P.012：羅景新提供，引自陳志峰主編：《雙源惠澤，香遠益清——澳門教育史料展圖集》，澳門：澳門中華教育會，2012 年，第 154 頁

P.016（上）、（下）、P.025（上）、（下）、P.079（左）、P.083（左）、P.100（上）：澳門鏡湖醫院慈善會

P.029：澳門美術協會

P.052、P.095（右上）、P.100（下）、P.104：澳門中華總商會

P.105：澳門基金會